2016~2017
基金从业资格考试教材解读与实战模拟

基金法律法规、职业道德与业务规范

基金从业资格考试研究中心 编著

中国发展出版社
CHINA DEVELOPMENT PRESS

图书在版编目（CIP）数据

基金法律法规、职业道德与业务规范/基金从业资格考试研究中心编著．—北京：中国发展出版社，2016.8

ISBN 978-7-5177-0556-7

Ⅰ.①基…　Ⅱ.①基…　Ⅲ.①证券投资基金法—中国—资格考试—自学参考资料②基金—投资—职业道德—资格考试—自学参考资料　Ⅳ.①D922.287②F830.59

中国版本图书馆 CIP 数据核字（2016）第 186899 号

书　　名： 基金法律法规、职业道德与业务规范
著作责任者： 基金从业资格考试研究中心
出 版 发 行： 中国发展出版社
（北京市西城区百万庄大街 16 号 8 层　100037）
标 准 书 号： ISBN 978-7-5177-0556-7
经　销　者： 各地新华书店
印　刷　者： 北京明恒达印务有限公司
开　　本： 787 mm×1092 mm　1/16
印　　张： 13.25
字　　数： 290 千字
版　　次： 2016 年 9 月第 1 版
印　　次： 2016 年 9 月第 1 次印刷
定　　价： 39.00 元
咨 询 电 话： (010) 68990642　68990692
购 书 热 线： (010) 68990682　68990686
网　　址： http：//www.develpress.com.cn
电 子 邮 件： fazhanreader@163.com
fazhan02@drc.gov.cn

前　言

《基金从业资格考试教材解读与实战模拟》系列丛书的编写依据是最新版中国证券投资基金业协会发布的考试大纲。本系列丛书由多位专家经过潜心研究编写而成，编写过程中始终秉持的理念是重点领会考试大纲，详细剖析教材内容，深入推敲考试真题，准确定位命题规律，权威预测必考题目。

本系列丛书包括《基金法律法规、职业道德与业务规范》《证券投资基金基础知识》《私募股权投资基金基础知识》。具体的编写体例安排如下。

第一部分——教材解读　分章节按【知识结构框架】【教材解读】【真题回顾】【典型习题】【参考答案】来阐述。

【知识结构框架】　以框架图来说明本章的主要考点。

【教材解读】　简明扼要地阐述考试大纲对每一部分的要求，并将其划分为具体考点，来引导考生如何去把握学习的方向。根据考试大纲的要求，对考试教材进行重点内容圈定和非考内容删除，将厚书变成薄书，为考生节约学习时间，提高学习效率。

【真题回顾】　编者对基金从业资格考试的考题分考点进行了详细的归纳和解析。

【典型习题】　它是编者通过对考试大纲、考试教材和考试真题的分析、推敲、预测而编辑的。通过这些习题的练习，考生会全面理解和掌握教材的重点内容，将所学知识融会贯通。

第二部分——实战模拟试卷　安排了两套实战模拟试卷，针对性强，贴近考试，帮助考生熟悉考题形式、掌握命题规律、提高解题能力。

本系列丛书的独到之处在于重点突出、通俗易懂、注重实效、把握题源、找出规律、理顺思路、引导学法、提高效率。

本系列丛书是供考生在系统学习统编教材之后复习时使用的学习资料，旨在帮助考生提炼考试考点，以节省考生时间，达到事半功倍的复习效果。书中提炼了辅导教材中应知应会的重点内容，指出了经常涉及的考点。同时，对应重点内容讲解考试题目，使考生加深对出题点、出题方式和出题思路的了解，进一步领悟考试的命题趋势和命题重点。

本系列丛书根据考前辅导答疑提问频率的情况，对众多考生提出的有关领会编写教材实质精神、把握考试命题规律的一些共性问题，有针对性、有重点地进行解答，并将问题按照知识点和考点加以归纳，是从考生的角度归纳出学以致考的经典问题汇编，对广大考生具有很好的参考作用。

本系列丛书既能使考生全面、系统、彻底地解决在学习中存在的问题，又能让考生准确地把握考试的方向，对辅导教材中的每一部分都作了详尽的讲解，完全适用于自学。

本系列丛书是在作者团队的通力合作下完成的，若能对广大考生顺利通过资格考试有所帮助，我们将感到莫大的欣慰。祝所有参加基金从业资格考试的考生，通过努力学习取得优异成绩，成为一名合格的基金从业人员。

由于编写时间仓促，书中难免有疏漏和不当之处，敬请广大读者批评指正。

编者

2016 年 9 月

目 录

第一部分 教材解读

第二部分 实战模拟试卷

第一部分 教材解读

第 1 章 金融、资产管理与投资基金

【知识结构框架】

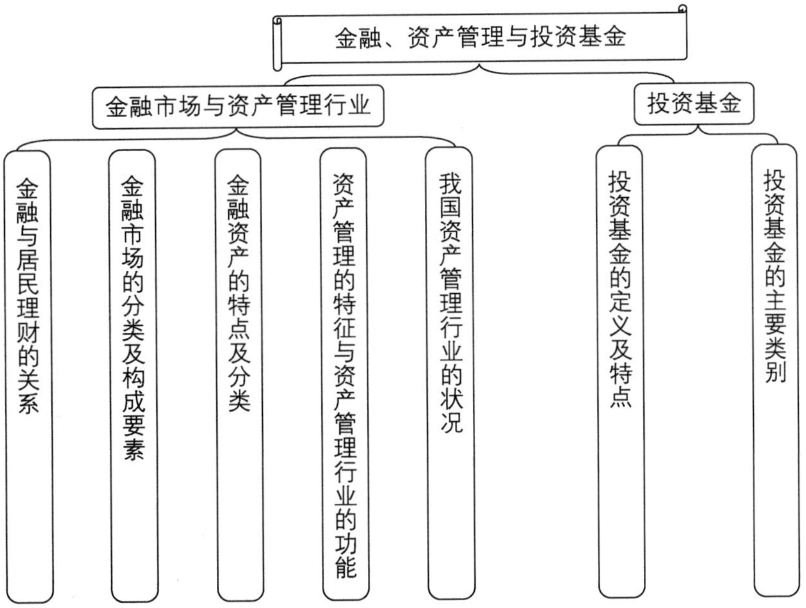

第一节 金融市场与资产管理行业

【教材解读】

考点 1 金融与居民理财的关系（表 1—1）

表 1—1 **金融与居民理财的关系**

项 目	内 容
金融	即货币资金的融通。 现代金融供求的重要组成部分，包括：现代居民经济生活中的日常收入、支出活动和储蓄、投资等理财活动

续表

项　目	内　容
理财	对财务进行管理，以实现财产的保值与增值。 目前，居民理财主要方式包括： （1）货币储蓄：我国居民的主要理财方式，是指居民将暂时不用或结余的货币收入存入银行或其他金融机构。其特点在于保值性，接受储蓄的银行或其他金融机构需要首先保证储蓄的本金安全。除本金外，储蓄还会带来一定的利息收益。 （2）投资：投资者当期投入一定数额的资金而期望在未来获得回报，所得回报应能补偿投资资金被占用的时间，预期的通货膨胀率以及期望更多的未来收益，未来收益具有不确定性

考点 2　金融市场的分类及构成要素（表 1—2）

表 1—2　　金融市场的分类及构成要素

项　目		内　容
金融体系的运作载体		金融市场和金融服务机构
金融市场的分类	按交易工具的期限分	分为：货币市场和资本市场。其中资本市场又有广义与狭义之分。 （1）广义的资本市场：①银行中长期存贷款市场；②有价证券市场（包括中长期债券市场和股票市场）。 （2）狭义的资本市场：专指中长期债券市场和股票市场
	按交易标的物分	分为：票据市场、证券市场、衍生工具市场、外汇市场、黄金市场等。 （1）证券市场：主要是股票、债券、基金等有价证券发行和转让流通的市场。 （2）外汇市场：各国中央银行、外汇银行、外汇经纪人及客户组成的外汇买卖、经营活动的总和，包括上述外汇批发市场以及银行同企业、个人之间进行外汇买卖的零售市场
	按交割期限分	分为：现货市场和期货市场。 （1）现货市场：交易协议达成后 2 个交易日内进行交割。由于现货市场的成交与交割之间几乎没有时间间隔，对交易双方来讲，利率和汇率风险很小。 （2）期货市场：交易在协议达成后并不立即进行交割，是约定在某一特定时间后进行交割，协议成交和标的交割是分离的

续表

项　目		内　容
金融市场的构成要素	市场参与者	主要包括政府、中央银行、金融机构、个人和企业居民。 （1）金融机构：①是金融市场上最重要的中介机构，是储蓄转化为投资的重要渠道。②在金融市场上充当资金的供给者、需求者和中间人等多重角色，既发行、创造金融工具，也在市场上购买各类金融工具；既是金融市场的中介人，也是金融市场的投资者、货币政策的传递者和承受者。金融机构作为机构投资者在金融市场具有支配性作用。 （2）居民：金融市场上主要的资金供给者。居民投资者是金融市场供求均衡的重要力量
	金融工具	金融工具是金融市场上进行交易的载体，是法律契约，交易双方的权利义务受法律保护。一般具有广泛的社会可接受性，随时可流通转让
	金融交易的组织方式	包括： （1）有固定场所的组织、有制度、集中进行交易的方式，如交易所交易方式； （2）在各金融机构柜台上买卖双方进行面议的、分散交易的方式，如柜台交易方式； （3）电信网络交易方式，主要借助电子通信或互联网络技术手段

考点 3　金融资产的特点及分类（表 1—3）

表 1—3　　金融资产的特点及分类

项　目	内　容
特点	金融资产是代表未来收益或资产合法要求权的凭证，标示明确的价值，表明交易双方的所有权关系和债权关系
金融资产	一般分为：债权类金融资产（以票据、债券等契约型投资工具为主）和股权类金融资产（以各类股票为主）

考点 4　资产管理的特征与资产管理行业的功能（表 1—4）

表 1—4　　资产管理的特征与资产管理行业的功能

项　目	内　容
资产管理的特征	（1）从参与方看：资产管理包括委托方和受托方，委托方为投资者，受托方为资产管理人。资产管理人根据投资者授权，进行资产投资管理，承担受托人义务。 （2）从受托资产看：主要为货币等金融资产，一般不包括固定资产等实物资产。 （3）从管理方式看：主要通过投资银行存款、证券、期货、基金、保险或实体企业股权等资产，来实现增值

续表

项　目	内　容
资产管理行业的功能	（1）为市场经济体系有效配置资源，提高整个社会经济的效率和生产服务水平。 （2）帮助投资人搜集、处理各种和投资有关的宏观、微观信息，提供各类投资机会，帮助投资者进行投资决策，并提供决策的最佳执行服务。 （3）使资金的需求方和提供方能够便利地连接起来。 （4）对金融资产进行合理定价，为金融市场提供流动性，降低交易成本，使金融市场更加健康有效
资产管理机构	从公司层面来看，美国资产管理机构包括银行、保险公司和专业资产管理公司三类。 在 SEC 注册的投资公司主要包括：共同基金、交易型开放式指数基金（ETF）、封闭式基金和单位投资信托

考点 5　我国资产管理行业的状况（表 1—5）

表 1—5　　我国资产管理行业的状况

项　目	内　容
传统的资产管理行业	基金管理公司和信托公司
我国资产管理行业范围的界定	中国证券投资基金业协会（简称基金业协会）以我国金融业实践出发，根据资金来源、投资范围、管理方式和权利义务的特点来进行界定，其机构类型包括： （1）基金管理公司及子公司； （2）私募机构； （3）信托公司； （4）证券公司及其资管子公司； （5）期货公司； （6）保险资产管理公司； （7）商业银行

【真题回顾】

1. 下列关于投资概念的表述，错误的是(　　)。

A. 投资者期望投资回报应该能补偿预期的通货膨胀率

B. 投资者期望投资回报应该能补偿资金被占用的时间

C. 投资未来收益具有不确定性

D. 投资的产出会大于投入

【答案】 D

【解析】本题考核的是投资的特点。投资指投资者当期投入一定数额的资金而期望在未来获得回报，所得回报应能补偿投资资金被占用的时间，预期通货膨胀率及期望更多的未来收益，未来收益具有不确定性。

2.（　　）不是货币储蓄的特点。

A. 储蓄的收益会超过通货膨胀

B. 储蓄会有一定的利息收益

C. 货币储蓄是指居民将货币收入存入银行的一种活动

D. 货币储蓄确保本金安全

【答案】A

【解析】本题考核的是货币储蓄的特点。A 选项是投资的特点。

3. 广义的资本市场不包括（　　）。

A. 银行中长期存贷款市场　　B. 大额可转让定期存单市场

C. 中长期债券市场　　D. 股票市场

【答案】B

【解析】本题考核的是广义资本市场的概念。广义的资本市场包括：①银行中长期存贷款市场；②有价证券市场（包括中长期债券市场和股票市场）。

4. 金融市场的构成要素不包括（　　）。

A. 市场参与者　　B. 流通渠道

C. 金融工具　　D. 金融交易的组织方式

【答案】B

【解析】本题考核的是金融市场的构成要素。包括：市场参与者、金融工具、金融交易的组织方式。

5. 下列关于金融工具的说法，错误的是（　　）。

A. 金融工具是金融市场上进行交易的载体

B. 金融工具是法律契约，交易双方的权利义务受法律保护

C. 金融工具随时可以流通转让

D. 金融工具一般不具有社会可接受性

【答案】D

【解析】本题考核的是金融工具的特点。金融工具一般具有广泛社会可接受性，随时可流通转让。金融工具是金融市场上进行交易的载体。金融工具是法律契约，交易双方的权利义务受法律保护。

6. 下列关于金融资产的叙述，错误的是（　　）。

A. 金融资产是代表未来收益或资产合法要求权的凭证

B. 未标示明确的价值

C. 表明了交易双方的所有权关系和债权关系

D. 一般分为债权类金融资产和股权类金融资产两类

【答案】B

【解析】本题考核的是金融资产的相关内容。金融资产是代表未来收益或资产合法

要求权的凭证，标示了明确的价值，表明了交易双方的所有权关系和债权关系。金融资产一般分为债权类金融资产和股权类金融资产两类。

7. 下列(　　)不是资产管理的特征。

A. 从参与方来看，包括委托方和受托方

B. 从收益特征来看，具有增值的特点

C. 从受托资产来看，主要为货币等金融资产，一般不包括固定资产等实物资产

D. 从管理方式来看，主要通过投资证券、期货、基金、保险等资产实现增值

【答案】 B

【解析】 本题考核的是资产管理的特征。包括：①从参与方看，资产管理包括委托方和受托方；②从受托资产看，主要为货币等金融资产，一般不包括固定资产等实物资产；③从管理方式看，资产管理主要通过投资于银行存款、证券、期货、基金、保险或实体企业股权等资产，来实现增值。

8. 资产管理行业的功能和作用不包括(　　)。

A. 给金融市场提供流动性，加大交易成本

B. 帮助投资者进行投资决策，并提供决策的最佳执行服务

C. 使资金的需求方和供给方能够便利地连接起来

D. 提高整个社会经济的效率和生产服务水平

【答案】 A

【解析】 本题考核的是资产管理行业的功能和作用。A 选项错误在于：资产管理行业能够给金融市场提供流动性，降低交易成本，使金融市场更加健康有效。

9. 从公司层面看，美国资产管理机构不包括(　　)。

A. 专业资产管理公司　　B. 银行

C. 保险公司　　D. 证券公司

【答案】 D

【解析】 本题考核的是美国资产管理机构。以公司层面看，美国资产管理机构包括银行、保险公司和专业资产管理公司三类。

10. 基金业协会根据(　　)的特点将我国资产管理行业的范围进行了界定。

A. 资金来源、投资范围、管理方式和权利义务

B. 资金来源、投资规模、管理方式和权利义务

C. 资金流向、投资范围、管理方式和权利义务

D. 资金流向、投资规模、管理方式和权利义务

【答案】 A

【解析】 本题考核的是我国资产管理行业的范围的界定依据。包括：资金来源、投资范围、管理方式和权利义务。

【典型习题】

1. 下列选项中，不属于现代金融供求重要的组成部分的是(　　)。

A. 艺术品收藏　　B. 投资理财

C. 储蓄　　D. 日常收入、支出

2. 下列主体中，作为金融市场上最重要的中介机构，是储蓄转化为投资的重要渠道的是(　　)。

A. 政府　　B. 企业

C. 中央银行　　D. 金融机构

3. 下列不属于界定我国资产管理行业范围的依据的是(　　)。

A. 资金来源　　B. 管理方式

C. 投资规模　　D. 权利义务

4. 金融市场按(　　)分为现货市场和期货市场。

A. 交易工具的期限　　B. 交易标的物

C. 交割期限　　D. 金融工具

5. 居民理财主要方式是(　　)。

A. 投资　　B. 融资

C. 筹资　　D. 基金

6. 既是金融市场的中介人，也是金融市场的投资者、货币政策的传递者和承受者，而且作为机构投资者在金融市场具有支配性的作用的是(　　)。

A. 企业　　B. 金融机构

C. 居民　　D. 政府

7. 金融市场上主要的资金供应者是(　　)。

A. 金融机构　　B. 中央银行

C. 居民　　D. 政府

【参考答案】

1. A　2. D　3. C　4. C　5. A　6. B　7. C

第二节　投资基金

【教材解读】

考点 1　投资基金的定义及特点（表 1－6）

表 1－6　投资基金的定义及特点

项　目	内　容
定义	投资基金主要是通过向投资者发行受益凭证（基金份额），将社会上的资金集中起来，交由专业的基金管理机构投资于各种资产，实现保值增值。 投资基金所投资的资产既可是金融资产，如股票、债券、外汇、股权、期货、期权等，也可为房地产、大宗能源、林权、艺术品等其他资产

续表

项　　目	内　　容
特点	投资基金主要是一种间接投资工具，基金运作中的主要当事人是基金投资者、基金管理人和托管人

考点 2　投资基金的主要类别（表 1—7）

表 1—7　　投资基金的主要类别

<table>
<tr><th colspan="2">分类依据</th><th>内　　容</th></tr>
<tr><td rowspan="2">按投资金募集方式分</td><td>公募基金</td><td>向不特定投资者公开发行受益凭证进行资金募集。一般在法律和监管部门的严格监管下，有着信息披露、利润分配、投资限制等行业规范</td></tr>
<tr><td>私募基金</td><td>只能向少数特定投资者采用非公开方式募集，对投资者的投资能力有一定要求，在信息披露、投资限制等方面监管要求较低，方式较为灵活</td></tr>
<tr><td colspan="2">按法律形式分</td><td>契约型、公司型、有限合伙型等</td></tr>
<tr><td colspan="2">按运作方式分</td><td>开放式、封闭式</td></tr>
<tr><td rowspan="5">按照所投资的对象的不同分</td><td>证券投资基金</td><td>基金所投资的有价证券主要是在证券交易所或银行间市场上公开交易的证券，包括股票、债券、货币、金融衍生工具等。
证券投资基金是投资基金中最主要的一种类别</td></tr>
<tr><td>私募股权基金</td><td>通过上市、并购或管理层回购等方式，出售持股获利</td></tr>
<tr><td>风险投资基金</td><td>风险投资基金一般也采用私募方式</td></tr>
<tr><td>对冲基金</td><td>起源于 20 世纪 50 年代初的美国。
基于投资理论和极其复杂的金融市场操作技巧，充分利用各种金融衍生产品的杠杆效用，承担高风险、追求高收益的投资模式。
一般采用私募方式，广泛投资于金融衍生产品</td></tr>
<tr><td>另类投资基金</td><td>投资于传统的股票、债券之外的金融和实物资产的基金，如房地产、证券化资产、对冲基金、大宗商品、黄金、艺术品等</td></tr>
</table>

【真题回顾】

1. 根据(　　)的不同，可以将基金划分为公司型基金和契约型基金。

A. 基金存续期　　　　B. 基金规模

C. 法律形式　　　　D. 投资理念

【答案】 C

【解析】 本题考核的是投资基金的分类。按法律形式的不同，投资基金可分为契约型、公司型、有限合伙型等。

2. 投资基金按照运作方式可分为(　　)。

A. 在岸基金和离岸基金　　B. 公司型基金和契约型基金
C. 公募基金和私募基金　　D. 开放式基金和封闭式基金

【答案】 D

【解析】 本题考核的是投资基金的分类。投资基金按照运作方式，可以分为开放式、封闭式基金。

3. 公募基金和私募基金是将投资基金按照(　　)标准进行的分类。

A. 法律形式　　B. 资金募集方式
C. 投资对象　　D. 运作方式

【答案】 B

【解析】 本题考核的是投资基金的分类。投资基金按照资金的募集方式，可分为公募基金和私募基金。

4. 公募基金行业规范的内容不包括(　　)。

A. 信息披露　　B. 投资者的投资能力
C. 利润分配　　D. 投资限制

【答案】 B

【解析】 本题考核的是公募基金的行业规范。公募基金的行业规范包括信息披露、利润分配、投资限制等。

5. 对冲基金，基于投资理论和极其复杂的金融市场操作技巧，充分利用各种金融衍生产品的杠杆效用，(　　)的投资模式。

A. 承担低风险、追求低收益　　B. 承担低风险、追求高收益
C. 承担高风险、追求高收益　　D. 承担高风险、追求低收益

【答案】 C

【解析】 本题考核的是对冲基金的特点。对冲基金承担的是高风险、追求高收益的投资模式。

6. 另类投资基金不可以投资于(　　)。

A. 房地产　　B. 大宗商品
C. 证券化资产　　D. 债券

【答案】 D

【解析】 本题考核的是另类投资基金的投资范围。另类投资基金可投资于房地产、证券化资产、对冲基金、大宗商品、黄金、艺术品等。

【典型习题】

1. 基金运作中的主要当事人，不包括(　　)。

A. 基金投资者　　B. 托管人
C. 基金管理人　　D. 证监会

2. 下列选项中，属于另类投资基金投资的范围的是(　　)。

A. 股票　　B. 大宗商品
C. 实物资产　　D. 债券

3. 投资基金主要通过向投资者发行(　　)，将社会上的资金集中起来。

A. 受益凭证　　B. 所有权凭证

C. 债权凭证　　D. 信用凭证

4. 下列基金中，按资金募集方式分类的是(　　)。

A. 开放式基金　　B. 公募基金

C. 封闭式基金　　D. 公司型基金

【参考答案】

1. D　2. B　3. A　4. B

第 2 章　证券投资基金概述

【知识结构框架】

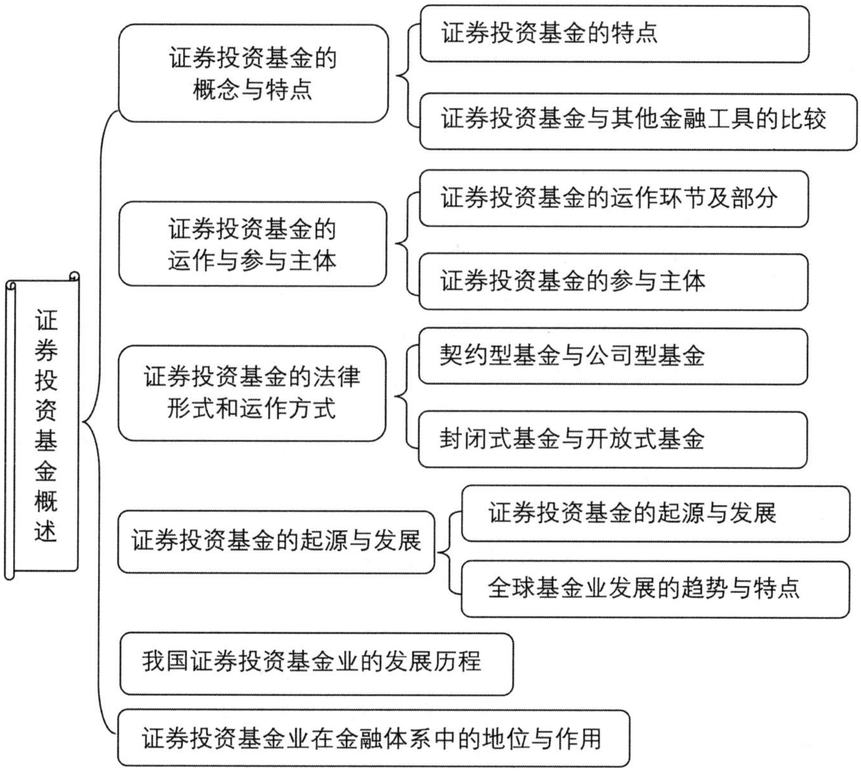

第一节　证券投资基金的概念与特点

【教材解读】

考点 1　证券投资基金的概念（表 2—1）

表 2—1　　证券投资基金的概念

项　　目	内　　容
概念	通过发售基金份额，将众多不特定投资者的资金汇集，形成独立财产，委托基金管理人进行投资管理，基金托管人进行财产托管，由基金投资人共享投资收益、共担投资风险的集合投资方式

续表

项　目	内　容
各地不同的称谓	(1) 美国：共同基金。 (2) 英国和我国香港特别行政区：单位信托基金。 (3) 欧洲：集合投资基金或集合投资计划。 (4) 日本和我国台湾地区：证券投资信托基金

考点 2　证券投资基金的特点（表 2—2）

表 2—2　证券投资基金的特点

特　点	内　容
集合理财、专业管理	基金将众多投资者的资金集中起来，委托基金管理人共同投资，表现出一种集合理财的特点。通过汇集众多投资者的资金，积少成多，有利于发挥资金的规模优势，降低投资成本。 由基金管理人进行投资管理和运作。基金管理人能对证券市场进行全方位的动态跟踪与深入分析。将资金交给基金管理人管理，使中小投资者也能享受到专业化的投资管理服务
组合投资、分散风险	为降低投资风险，一些国家的法律法规规定基金除另有规定外，一般需以组合投资的方式进行基金的投资运作，从而使“组合投资、分散风险”成为基金的一大特色。 多数情况下，某些股票价格下跌造成的损失可用其他股票价格上涨产生的盈利来进行弥补
利益共享、风险共担	证券投资基金实行“利益共享、风险共担”的原则。基金投资者是基金的所有者。基金投资收益在扣除由基金承担的费用后的盈余全部归基金投资者所有，基金投资者一般会按照所持有的基金份额比例进行分配。 为基金提供服务的基金托管人、基金管理人一般按基金合同的规定从基金资产中收取一定比例的托管费、管理费，并不参与基金收益的分配
严格监管、信息透明	公募证券投资基金的另一个显著特点。 为切实保护投资者的利益，增强投资者对基金投资的信心，各国（地区）基金监管机构都对证券投资基金业实行严格的监管，对各种有损投资者利益的行为进行严厉打击，并对基金进行强制及时、准确、充分的信息披露
独立托管、保障安全	基金管理人负责基金的投资操作，本身并不参与基金财产的保管，基金财产的保管由独立于基金管理人的基金托管人负责。 对投资者的利益提供重要保障

考点 3　证券投资基金与其他金融工具的比较（表 2—3）

表 2—3　　证券投资基金与其他金融工具的比较

<table>
<tr><th colspan="2">项　目</th><th>内　容</th></tr>
<tr><td rowspan="3">基金与股票、债券的差异</td><td>反映的经济关系不同</td><td>股票：反映的是一种所有权关系，是一种所有权凭证，投资者购买股票后就成为公司的股东。
债券：反映的是债权债务关系，是一种债权凭证，投资者购买债券后就成为公司的债权人。
基金：反映的是一种信托关系，是一种受益凭证，投资者购买基金份额后就成为基金的受益人</td></tr>
<tr><td>所筹资金的投向不同</td><td>股票和债券：直接投资工具，筹集的资金主要投向实业领域。
基金：间接投资工具，筹集的资金主要投向有价证券等金融工具或产品</td></tr>
<tr><td>投资收益与风险大小不同</td><td>股票：价格波动性较大，高风险、高收益。
债券：给投资者带来较为确定的利息收入，波动性比股票小，低风险、低收益。
基金：风险相对适中、收益相对稳健</td></tr>
<tr><td colspan="2">基金与银行储蓄存款的差异</td><td>（1）性质不同：基金是受益凭证；银行储蓄存款是信用凭证。
（2）收益与风险特性不同：基金收益具有一定的波动性，存在投资风险；银行存款利率相对固定，投资者损失本金的可能性也很小。
（3）信息披露程度不同：基金管理人必须定期向投资者公布基金的投资运作情况；银行吸收存款之后，不需要向存款人披露资金的运用情况</td></tr>
</table>

【真题回顾】

1. 证券投资基金是指通过发售基金份额、集中投资者的资金形成（　　），由基金管理人管理、基金托管人托管，以投资组合的方式进行证券投资的一种利益共享、风险共担的集合投资方式。

A. 发行人的财产　　B. 托管人的财产

C. 独立的财产　　D. 管理人的财产

【答案】 C

【解析】 本题考核的是证券投资基金的概念。证券投资基金是通过发售基金份额，将众多不特定投资者的资金汇集起来，形成独立财产，委托基金管理人进行投资管理，基金托管人进行财产托管，由基金投资人共享投资收益，共担投资风险的集合投资方式。

2. 证券投资基金在英国和中国香港特别行政区被称为（　　）。

A. 单位信托基金　　B. 证券投资信托基金

C. 共同基金　　D. 集合投资计划

【答案】A

【解析】本题考核的是证券投资基金的称谓。证券投资基金在英国和我国香港特别行政区被称为单位信托基金。

3. 下列不属于证券投资基金特点是(　　)。

A. 集合理财、专业管理　　B. 投入较少、回报较高

C. 组合投资、分散风险　　D. 独立托管、保障安全

【答案】B

【解析】本题考核的是证券投资基金的特点。包括:①集合理财、专业管理;②组合投资、分散风险;③利益共享、风险共担;④严格监管、信息透明;⑤独立托管、保障安全。

4. 下列关于证券投资基金“集合理财、专业管理”这一特点的具体体现的表述,错误的是(　　)。

A. 对证券市场进行动态跟踪与深入分析

B. 集中资金,有利于发挥资金的规模优势

C. 集中资金投资几种股票,以获得超额收益

D. 使中小投资者能享受到专业化的投资管理服务

【答案】C

【解析】本题考核的是证券投资基金的特点。通过汇集众多投资者的资金,积少成多,利于发挥资金的规模优势,降低投资成本,故C选项错误。

5. 证券投资基金的主要投资方向是(　　)。

A. 有价证券　　B. 上市公司的投资项目

C. 信贷　　D. 实业

【答案】A

【解析】本题考核的是证券投资基金的投资方向。基金是一种间接投资工具,所筹集的资金主要投向有价证券等金融工具或产品。

6. 基金、股票与债券的差异不包括(　　)。

A. 投资收益与风险大小不同　　B. 信息披露程度不同

C. 所筹资金的投向不同　　D. 反映的经济关系不同

【答案】B

【解析】本题考核的是基金与股票、债券的差异。包括:反映的经济关系不同、所筹资金的投向不同、投资收益与风险大小不同。B选项属于基金与银行储蓄存款的差异。

7. 与其他金融工具相比较,开放式基金是一种(　　)。

A. 债权凭证　　B. 收益凭证

C. 信用凭证　　D. 受益凭证

【答案】D

【解析】本题考核的是开放式基金的特点。开放式基金是一种受益凭证。

【典型习题】

1. 证券投资基金在欧洲一些国家被称为(　　)。

A. 单位信托基金　　B. 证券投资信托基金

C. 共同基金　　D. 集合投资计划

2. 基金与银行储蓄存款的差异不包括(　　)。

A. 性质不同　　B. 投资收益与风险大小不同

C. 收益与风险特性不同　　D. 信息披露程度不同

3. 投资基金在日本和我国台湾地区被称为(　　)。

A. 单位信托基金　　B. 证券投资信托基金

C. 共同基金　　D. 集合投资计划

4. 基金与股票的不同之处在于(　　)。

A. 所筹资金的投向不同　　B. 性质不同

C. 收益与风险特性不同　　D. 信息披露程度不同

【参考答案】

1. D　　2. B　　3. B　　4. A

第二节　证券投资基金的运作与参与主体

【教材解读】

考点 1　证券投资基金的运作环节及部分（表 2—4）

表 2—4　证券投资基金的运作环节及部分

项　　目	内　　容
运作环节	包括基金的募集、基金的投资管理、基金资产的托管、基金份额的登记交易、基金的估值与会计核算、基金的信息披露以及其他基金运作活动在内的所有相关环节
运作部分	以基金管理人的角度来看，证券投资基金的运作部分可分为基金的市场营销（基金份额的募集与客户服务）、基金的投资管理与基金的后台管理三大部分。 其中：后台管理包括基金份额的注册登记、基金资产的估值、会计核算、信息披露等

考点 2　证券投资基金的参与主体（表 2—5）

表 2—5　　证券投资基金的参与主体

参与主体		内　容
基金当事人	基金份额持有人	基金份额持有人享有下列权利： （1）分享基金财产收益； （2）参与分配清算后的剩余基金财产； （3）依法转让或者申请赎回其持有的基金份额； （4）按照规定要求召开基金份额持有人大会； （5）对基金份额持有人大会审议事项行使表决权； （6）查阅或者复制公开披露的基金信息资料； （7）对基金管理人、基金托管人、基金销售机构损害其合法权益的行为依法提出诉讼； （8）基金合同约定的其他权利
基金当事人	基金管理人	基金管理人是基金产品的募集者和管理者，其最主要职责就是按照基金合同的约定，负责基金资产的投资运作，在有效控制风险的基础上为基金投资者争取最大的投资收益。基金管理人在基金运作中具有核心作用。 在我国，基金管理人只能由依法设立的基金管理公司担任
基金当事人	基金托管人	基金托管人的职责主要体现在基金资产保管、基金资金清算、会计复核以及对基金投资运作的监督等方面
基金市场服务机构		（1）基金销售机构：目前可申请从事基金代理销售的机构主要包括商业银行、证券公司、保险公司、证券投资咨询机构、独立基金销售机构。 （2）销售支付机构：从事公开募集基金销售支付业务的，应当按照中国证监会的规定进行备案。 （3）份额登记机构：由基金管理人和中国证监会认定的其他机构担任。 （4）估值核算机构：拟从事公开募集基金估值核算业务的，应当向中国证监会申请注册。 （5）投资顾问机构：提供公开募集基金投资顾问业务的，应当向工商登记注册地中国证监会派出机构申请注册。 （6）评价机构：从事公开募集基金评价业务并以公开形式发布基金评价结果的，应当向基金业协会申请注册。 （7）信息技术系统服务机构。 （8）律师事务所和会计师事务所等
基金监管机构和自律组织		（1）基金监管机构：依法行使审批或核准权，依法办理基金备案，对基金管理人、基金托管人以及其他从事基金活动的服务机构进行监督管理，对违法违规行为进行查处。

续表

参与主体	内　　容
基金监管机构和自律组织	（2）基金自律组织：我国的基金自律组织是中国证券投资基金业协会（2012 年 6 月 6 日成立），其权力机构为全体会员组成的会员大会。职责包括：①教育和组织会员遵守基金法律、行政法规，维护投资人合法权益；②依法维护会员的合法权益，向国务院证券监督管理机构反映会员的建议和要求；③制定和实施行业自律规则，监督、检查会员及从业人员的执业行为，对违反自律规则和协会章程的，按照规定给予纪律处分；④制定行业执业标准和业务规范，组织基金从业人员的从业考试、资质管理和业务培训；⑤提供会员服务、组织行业交流，推动行业创新，开展行业宣传和投资人教育活动；⑥对会员之间、会员与客户之间发生的基金业务纠纷进行调解；⑦依法办理非公开募集基金的登记、备案；⑧协会章程规定的其他职责

【真题回顾】

1. 基金的后台管理运作不包括（　　）。

A. 基金份额的销售　　B. 基金会计核算和信息披露

C. 基金资产的估值　　D. 基金份额的注册登记

【答案】A

【解析】本题考核的是基金后台管理服务的内容。包括：基金份额的注册登记、基金资产的估值、会计核算、信息披露等。

2. 证券投资基金的运作环节不包括（　　）。

A. 证券投资基金的会计核算和信息披露

B. 证券投资基金的评级研究

C. 证券投资基金的募集和投资管理

D. 证券投资基金的托管和基金份额的登记交易、基金的估值

【答案】B

【解析】本题考核的是证券投资基金的运作环节。包括：基金的募集、基金的投资管理、基金资产的托管、基金份额的登记交易、基金的估值与会计核算、基金的信息披露以及其他基金运作活动在内的所有相关环节。

3. 证券投资基金合同当事人不包括（　　）。

A. 基金管理人　　B. 基金销售机构

C. 基金托管人　　D. 基金投资人

【答案】B

【解析】本题考核的是基金当事人的组成。基金合同的当事人为基金份额持有人、基金管理人与基金托管人。

4. 下列选项中不属于我国基金份额持有人享有的权利的是（　　）。

A. 按照规定要求召开基金份额持有人大会

B. 参与分配清算后的剩余基金财产

C. 依法转让或者申请赎回持有的基金份额

D. 查阅或者复制未公开披露的基金信息资料

【答案】 D

【解析】 本题考核的是基金份额持有人的权利。基金份额持有人可查阅或者复制公开披露的基金信息资料，D选项说法错误。

5. 基金管理人的最主要职责是负责(　　)。

A. 基金资产的投资运作　　B. 基金资产清算和会计复核

C. 基金资产的保管　　D. 受托资产管理

【答案】 A

【解析】 本题考核的是基金管理人的职责。基金管理人最主要职责是按照基金合同的约定，负责基金资产的投资运作，在有效控制风险的基础上为基金投资者争取最大的投资收益。

6. 在我国，基金管理人只能由依法设立的(　　)来担任。

A. 商业银行　　B. 基金管理公司

C. 保险公司　　D. 信托公司

【答案】 B

【解析】 本题考核的是基金管理人的要求。在我国，基金管理人只能由依法设立的基金管理公司来担任。

7. 基金销售支付机构从事公开募集基金销售支付业务的，应当按照(　　)的规定进行备案。

A. 基金业协会　　B. 中国证监会

C. 证券业协会　　D. 中国银监会

【答案】 B

【解析】 本题考核的是基金销售支付机构的备案。基金销售支付机构从事公开募集基金销售支付业务的，应按照中国证监会的规定进行备案。

8. 基金业协会的职责不包括（　）。

A. 依法行使审批或核准权，依法办理基金备案，对基金管理人、基金托管人以及其他从事基金活动的服务机构进行监督管理，对违法违规行为进行查处

B. 依法办理非公开募集基金的登记、备案

C. 对会员之间、会员与客户之间发生的基金业务纠纷进行调解

D. 制定行业职业标准和业务规范，组织基金从业人员的从业考试、资质管理和业务培训

【答案】 A

【解析】 本题考核的是基金业协会的职责。A选项为基金监管机构的职责。

【典型习题】

1. 基金的运作活动从基金管理人的角度看，不包括(　　)。

A. 市场营销　　　　B. 后台管理
C. 投资管理　　　　D. 风险评价

2. 基金估值核算机构拟从事公开募集基金估值核算业务的，应当向(　　)申请注册。

A. 工商登记注册地中国证监会派出机构
B. 中国证监会
C. 行业自律组织
D. 基金业协会

3. 下列主体中，可自愿加入基金业协会的是(　　)。

A. 基金管理人　　　　B. 基金托管人
C. 基金评价机构　　　　D. 基金销售机构

4. 基金评价机构从事公开募集基金评价业务，并以公开形式发布基金评价结果的，应当向(　　)申请注册。

A. 基金业协会　　　　B. 中国证监会
C. 证券业协会　　　　D. 中国银监会

【参考答案】

1. D　　2. B　　3. C　　4. A

第三节　证券投资基金的法律形式和运作方式

【教材解读】

考点 1　契约型基金与公司型基金（表 2－6）

表 2－6　　契约型基金与公司型基金

区别之处	基金类型	
	契约型基金	公司型基金
法律主体资格不同	不具有法人资格	具有法人资格
投资者的地位不同	基金投资者自取得基金份额后即成为基金份额持有人和基金合同的当事人，依法享受权利并承担义务。 与公司型基金的股东大会比，契约型基金持有人大会赋予基金持有者的权利相对较小	基金投资者是基金公司的股东，享有股东权，按所持有的股份承担有限责任，分享投资收益。公司型基金公司设有董事会，代表投资者的利益行使职权
营运依据不同	基金合同	基金公司章程

考点 2　封闭式基金与开放式基金（表 2—7）

表 2—7　　封闭式基金与开放式基金

区别之处	基金类型	
	封闭式基金	开放式基金
期限不同	有固定存续期。 封闭式基金合同中必须规定基金封闭期，封闭式基金期满后可以通过一定的法定程序延期或者转为开放式	无特定存续期限
份额限制不同	基金份额固定，封闭期限内未经法定程序认可不能增减	规模不固定，投资者可随时提出申购或赎回申请，基金份额会随之增加或减少
交易场所不同	在证券交易所上市交易	交易在投资者与基金管理人之间完成
价格形成方式不同	交易价格主要受二级市场供求关系的影响	买卖价格以基金份额净值为基础，不受市场供求关系的影响
激励约束机制与投资策略不同	基金表现好，其扩展能力也受到较大限制。 基金表现差，由于投资者无法赎回投资，基金经理不会在经营与流动性管理上面临直接的压力	基金表现好，会吸引新的投资者，基金管理人的管理费收入也会随之增加。 基金表现差，会面临来自投资者要求赎回投资的压力

【真题回顾】

1. 下列关于公司型基金的表述，正确的是(　　)。

A. 相比于契约型基金，公司型基金投资者的权利要小一些

B. 主要依据基金合同营运基金

C. 基金是独立的法人机构

D. 投资者享有直接管理基金的权利

【答案】 C

【解析】 本题考核的是公司型基金的特点。与公司型基金的股东大会相比，契约型基金持有人大会赋予基金持有者的权利相对较小，A 选项错误。公司型基金依据投资公司章程营运基金，B 选项错误。公司型基金具有法人资格，C 选项正确。公司型基金是委托基金管理公司作为专业的投资顾问来经营与管理基金资产，D 选项错误。

2. 契约型基金与公司型基金的区别不包括(　　)。

A. 投资人不同　　　　B. 投资者的地位不同

C. 基金的营运依据不同　　　　D. 法律主体资格不同

【答案】A

【解析】本题考核的是契约型基金与公司型基金的区别。契约型基金与公司型基金区别在于：①法律主体资格不同；②投资者的地位不同；③基金营运依据不同。

3. 下列说法正确的是(　　)。

A. 封闭式基金和开放式基金期限不同

B. 投资者买卖开放式基金份额，只能委托证券公司在证券交易所按市价买卖

C. 封闭式基金和开放式基金份额限制相同

D. 开放式基金的交易价格主要受二级市场供求关系的影响

【答案】A

【解析】本题考核的是封闭式基金与开放式基金的区别。封闭式基金与开放式基金的期限不同，A 选项正确。投资者买卖封闭式基金份额，只能委托证券公司在证券交易所按市价买卖，B 选项错误。封闭式基金和开放式基金份额限制不同，C 选项错误。开放式基金的买卖价格以基金份额净值为基础，不受市场供求关系的影响，D 选项错误。

4. 下列关于封闭式基金特点的表述，错误的是(　　)。

A. 基金无特定存续期限

B. 基金份额可以在依法设立的证券交易所交易

C. 基金份额持有人不得随时申请赎回

D. 基金份额在基金合同期限内固定不变

【答案】A

【解析】本题考核的是封闭式基金的特点。封闭式基金一般有一个固定的存续期，A 选项错误。封闭式基金份额固定，在完成募集后，基金份额在证券交易所上市交易，在封闭期限内未经法定程序认可不能增减，B、C、D 选项正确。

5. 对于基金管理人来讲，开放式基金比封闭式基金提供了更好的激励约束机制，原因在于(　　)。

A. 如果开放式基金业绩表现差，投资者被套，就没有赎回压力

B. 如果开放式基金业绩表现好，会吸引新的投资者，基金管理人管理费收入也会增加

C. 封闭式基金业绩表现好，其扩展能力也将相应提高

D. 封闭式基金份额固定，基金管理人的收入稳定

【答案】B

【解析】本题考核的是开放式基金的特点。基金表现差，开放式基金则会面临来自投资者要求赎回投资的压力，B 选项错误。

【典型习题】

1. 契约型基金与公司型基金的区别不在于(　　)。

A. 法律主体不同　　　　B. 投资者的地位不同

C. 营运依据不同　　　　D. 交易场所不同

2. 下列关于契约型基金的表述，正确的是(　　)。
A. 与公司型基金相比，契约型基金投资者的权利要大一些
B. 主要依据投资公司章程营运基金
C. 独立的法人机构
D. 依据基金合同成立
3. 开放式基金的买卖价格以(　　)为基础。
A. 二级市场供求关系　　B. 基金份额
C. 基金份额净值　　D. 市场行情变化

【参考答案】

1. D　2. D　3. C

第四节　证券投资基金的起源与发展

【教材解读】

考点 1　证券投资基金的起源与发展（表 2—8）

表 2—8　　证券投资基金的起源与发展

项　目	内　容
起源	第一只公认的证券投资基金为英国的“海外及殖民地政府信托”
发展	第一只开放式公司型基金为美国的“马萨诸塞投资信托基金”

考点 2　全球基金业发展的趋势与特点

全球基金业发展的趋势与特点在于：
(1) 美国占主导地位，其他国家和地区发展迅猛；
(2) 开放式基金成为证券投资基金的主流产品；
(3) 基金市场竞争加剧，行业集中趋势突出；
(4) 基金资产的资金来源发生重大变化。

【真题回顾】

1. 一般认为，世界上第一只开放式公司型基金是(　　)。
A. 海外及殖民地政府信托基金　　B. 马萨诸塞政府信托基金
C. 马萨诸塞投资信托基金　　D. 美国波士顿投资信托基金
【答案】 C
【解析】 本题考核的是第一只开放式公司型基金的名称。世界上第一只开放式公司型基金是在 1924 年由 200 多名哈佛大学教授出资 5 万美元在波士顿成立的马萨诸塞投资信托基金。
2. 下列不属于全球基金业发展的趋势与特点的是(　　)。

A. 基金市场竞争加剧，行业集中趋势突出
B. 基金资产的资金来源发生了重大变化
C. 美国占据主导地位，其他国家和地区发展迅猛
D. 封闭式基金成为证券投资基金的主流产品

【答案】 D

【解析】 本题考核的是全球基金业发展的趋势与特点。全球基金业中，开放式基金成为证券投资基金的主流产品，D 选项错误。

【典型习题】

1. 世界上第一只公认的证券投资基金是(　　)。
A. 海外及殖民地政府信托基金　　B. 马萨诸塞政府信托基金
C. 马萨诸塞投资信托基金　　D. 美国波士顿投资信托基金
2. 证券投资基金的主流产品是(　　)。
A. 开放式基金　　B. 封闭式基金
C. 契约型基金　　D. 公司型基金

【参考答案】

1. A　　2. A

第五节　我国证券投资基金业的发展历程

【教材解读】

考点　我国证券投资基金业的发展阶段（表 2—9）

表 2—9　　我国证券投资基金业的发展阶段

发展阶段	标志产品
萌芽和早期发展时期 (1985～1997 年)	1992 年 11 月——天骥基金设立，募集规模 5.81 亿元，是当时国内规模最大的封闭式基金。 1992 年 11 月——淄博基金设立，为公司型封闭式基金，募集规模 1 亿元
证券投资基金试点发展阶段 (1998～2002 年)	1998 年 3 月 27 日——新成立的南方基金管理公司和国泰基金管理公司分别发起设立了两只封闭式基金“基金开元”和“基金金泰”，规模均为 20 亿元。 1998 年 4 月——华夏基金公司发起设立了兴华基金，华安基金管理公司发起设立了安信基金。 2000 年 10 月 8 日——中国证监会发布并实施了《开放式证券投资基金试点办法》。 2001 年 9 月——我国第一只开放式基金“华安创新”诞生

续表

发展阶段	标志产品
行业快速发展阶段（2003～2008 年）	无新产品推出
行业平稳发展及创新探索阶段（2008 年至今）	修订后的《证券投资基金法》于 2013 年 6 月 1 日正式实施。 2013 年 6 月，与天弘赠利宝货币基金对接的“余额宝”产品推出。 此阶段的行业特点在于： (1)“放松管制、加强监管”； (2) 基金管理公司业务和产品创新，不断向多元化发展； (3) 互联网金融与基金业有效结合； (4) 股权与公司治理创新得到突破； (5) 专业化分工推动行业务体系创新； (6) 混业化与大资产管理的局面初步显现

【真题回顾】

1. 淄博基金募集规模为(　　)亿元。

A. 20　　B. 5

C. 10　　D. 1

【答案】 D

【解析】 本题考核的是淄博基金的募集规模。淄博基金是我国首只在证券交易所上市交易的投资基金，该基金为公司型封闭式基金，募集规模 1 亿元。

2. 2001 年 9 月，我国第一只开放式基金——(　　)诞生，使我国基金业发展实现了从封闭式基金到开放式基金的历史性跨越。

A. 华安创新　　B. 基金开元

C. 基金金泰　　D. 淄博基金

【答案】 A

【解析】 本题考核的是我国第一只开放式基金的产生。我国第一只开放式基金是于 2001 年 9 月诞生的华安创新。

3. 在封闭式基金成功试点的基础上，(　　)年 10 月 8 日，中国证监会发布并实施了《开放式证券投资基金试点办法》，由此揭开了我国开放式基金发展的序幕。

A. 1998　　B. 2000

C. 1999　　D. 2003

【答案】 B

【解析】 本题考核的是《开放式证券投资基金试点办法》的实施时间。2000 年 10 月 8 日，中国证监会发布并实施了《开放式证券投资基金试点办法》。

4. 2013 年 6 月，与天弘增利宝货币基金对接的(　　)产品推出，规模及客户数迅速爆发增长，成为市场关注的新焦点。

A. 淘宝网店　　B. 天天基金网

C. 支付宝　　D. 余额宝

【答案】 D

【解析】 本题考核的是余额宝的推出。2013 年 6 月，与天弘增利宝货币基金对接的余额宝产品推出，规模及客户数迅速爆发增长。

【典型习题】

1. 1992 年 11 月，经中国人民银行总行批准的国内第一家投资基金是(　　)。

A. 淄博基金　　B. 天骥基金

C. 基金开元　　D. 基金金泰

2. 封闭式基金"基金开元"的募集规模为(　　)亿元。

A. 1　　B. 5

C. 10　　D. 20

3. 淄博基金属于(　　)基金。

A. 开放式基金　　B. 公募基金

C. 契约型基金　　D. 公司型封闭式基金

【参考答案】

1. A　　2. D　　3. D

第六节　证券投资基金业在金融体系中的地位与作用

【教材解读】

考点　证券投资基金业在金融体系中的地位与作用（表 2－10）

表 2－10　　证券投资基金业在金融体系中的地位与作用

地位与作用	内　　容
对中小投资者的作用	为中小投资者拓宽投资渠道。 投资基金作为一种面向中小投资者设计的间接投资工具，将众多投资者的小额资金汇集起来进行组合投资，由专业投资机构进行管理和运作，为投资者提供了有效参与证券市场的投资渠道，已成为广大民众普遍接受的一种理财方式
对金融结构和经济的作用	优化金融结构，促进经济增长。 证券投资基金将中小投资者的闲散资金汇集起来投资于证券市场，扩大了直接融资的比例，为企业在证券市场筹集资金创造了良好的融资环境，将储蓄资金转化为生产资金

续表

地位与作用	内　　容
对证券市场的作用	有利于证券市场的稳定和健康发展、完善金融体系和社会保障体系。 其中，对于证券市场的稳定和健康发展，证券投资基金可发挥专业理财优势，推动市场价值判断体系的形成，倡导理性的投资文化，防止市场的过度投机。 通过为保险资金提供专业化的投资服务和投资于货币市场，证券投资基金行业的发展有利于促进保险市场和货币市场的发展壮大，增强证券市场与保险市场、货币市场之间的协同关系，改善宏观经济政策和金融政策的传导机制，完善金融体系

【真题回顾】

1. 下列关于证券投资基金能够发挥专业理财优势的表述，错误的是（　　）。

A. 防止市场的过度投机　　B. 推动市场价值判断体系的形成

C. 倡导理性的投资文化　　D. 能够给投资者带来超额收益

【答案】 D

【解析】 本题考核的是证券投资基金的优点。证券投资基金的优点在于：推动市场价值判断体系的形成、倡导理性的投资文化、有助于防止市场的过度投机。D选项说法过于绝对，错误。

2. 下列关于证券投资基金业在金融体系中的地位与作用的表述，错误的是（　　）。

A. 为中小投资者拓宽了投资渠道　　B. 稳定上市公司的股价

C. 优化金融结构，促进经济增长　　D. 有利于证券市场的稳定和健康发展

【答案】 B

【解析】 本题考核的是证券投资基金业在金融体系中的地位与作用。包括：①为中小投资者拓宽投资渠道；②优化金融结构，促进经济增长；③有利于证券市场的稳定和健康发展；④完善金融体系和社会保障体系。

【典型习题】

下列关于证券投资基金业对证券市场作用的表述，错误的是（　　）。

A. 有利于证券市场的稳定和健康发展　B. 完善金融体系和社会保障体系

C. 优化金融结构　　D. 防止市场的过度投机

【参考答案】 D

第 3 章　证券投资基金的类型

【知识结构框架】

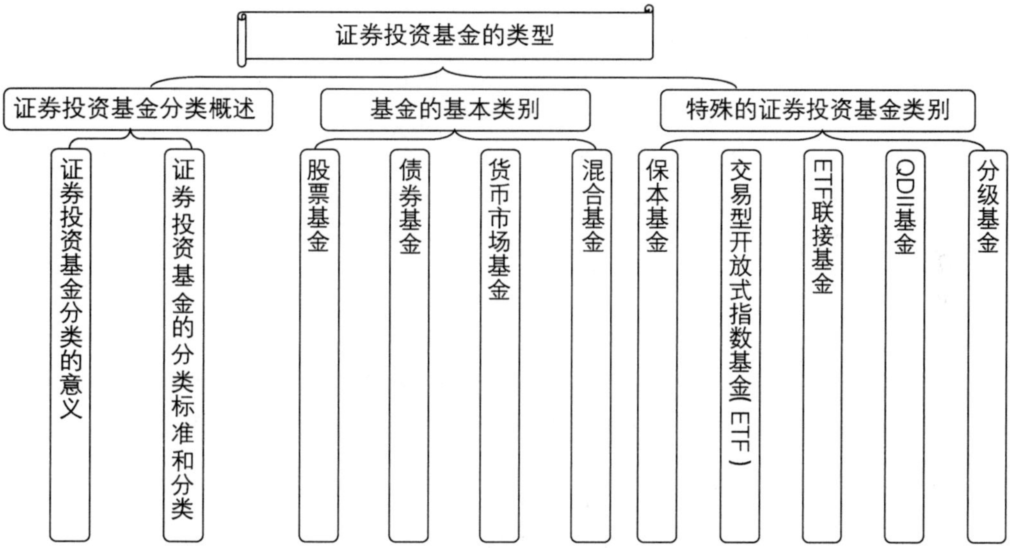

第一节　证券投资基金分类概述

【教材解读】

考点 1　证券投资基金分类的意义（表 3—1）

表 3—1　　证券投资基金分类的意义

参与主体	意　　义
基金投资者	有助于投资者加深对各种基金的认识及对风险收益特征的把握、做出正确的投资选择与比较
基金管理公司	基金业绩的比较应在同一类别中进行才公平合理
基金研究评价机构	基金评级的基础
监管部门	实施更有效的分类监管

考点 2 证券投资基金的分类标准和分类（表 3—2）

表 3—2 证券投资基金的分类标准和分类

分类标准	分　类
法律形式	契约型基金、公司型基金等。 目前，我国公募证券投资基金全部是契约型基金，美国绝大多数证券投资基金是公司型基金
运作方式	封闭式基金、开放式基金
投资对象	股票基金、债券基金、货币市场基金和混合基金等。 （1）股票基金：基金资产 80%以上投资于股票。 （2）债券基金：基金资产 80%以上投资于债券。 （3）货币市场基金：仅投资于货币市场工具。 （4）混合基金：投资于股票、债券和货币市场工具，但股票投资和债券投资的比例不符合股票基金、债券基金规定的基金
投资目标	增长型基金、收入型基金和平衡型基金。 （1）增长型基金：以追求资本增值为基本目标。 （2）收入型基金：以追求稳定的经常性收入为基本目标。 （3）平衡型基金：既注重资本增值又注重当期收入的基金
投资理念	主动型基金、被动（指数）型基金。 （1）主动型基金：力图取得超越基准组合表现。 （2）被动型基金：不主动寻求取得超越市场的表现，而是试图复制指数的表现
募集方式	公募基金、私募基金
基金的资金来源和用途	在岸基金、离岸基金
特殊类型基金	（1）系列基金：又称伞形基金，其优势在于：①简化管理、降低成本；②强大的扩张功能。 （2）基金中的基金：80%以上的基金资产投资于其他基金份额。 （3）保本基金：保证基金份额持有人在保本周期到期时，可以获得投资本金保证的基金。 （4）上市交易型开放式指数基金（ETF）：在交易所上市交易的、基金份额可变。 （5）上市开放式基金（LOF）：既可在场外市场进行基金份额申购、赎回，又可在交易所（场内市场）进行基金份额交易和基金份额申购或赎回。 （6）QDII 基金。 （7）分级基金

【真题回顾】

1. 下列关于基金分类意义的表述，错误的是(　　)。

A. 有助于投资者做出选择

B. 基金资产评估是基金评级的基础

C. 使得基金业绩的比较更客观公正

D. 有助于实施更有效的分类监管

【答案】 B

【解析】 本题考核的是证券投资基金分类的意义。基金评级的基础是基金研究评所机构，B 选项说法错误。

2. 根据中国证监会对基金类别的分类标准，(　　)以上的基金资产投资于债券的为债券基金。

A. 80%　　　　B. 60%

C. 70%　　　　D. 50%

【答案】 A

【解析】 本题考核的是债券基金的概念。基金资产 80%以上投资于债券的为债券基金。

3. 根据中国证监会对基金的分类标准，混合基金是指(　　)基金。

A. 主要投资于股票、债券，且 60%以上投资于股票

B. 主要投资于股票、债券，且 80%以上投资于债券

C. 主要投资于股票、债券和货币市场工具，但股票投资和债券投资的比例不符合股票基金、债券基金规定的

D. 主要投资于股票、债券，且不低于 20%的基金资产投资于货币市场工具

【答案】 C

【解析】 本题考核的是混合基金的概念。投资于股票、债券和货币市场工具，但股票投资和债券投资的比例不符合股票基金、债券基金规定的为混合基金。

4. 下列不属于系列基金的优势的是(　　)。

A. 既可以在场外市场进行基金份额申购、赎回，又可以在交易所进行基金份额交易和基金份额申购或赎回

B. 简化管理

C. 降低成本

D. 强大的扩张功能

【答案】 A

【解析】 本题考核的是系列基金的特点。A 选项为上市开放式基金（LOF）的特点。

5. 不主动寻求取得超越市场表现的基金是(　　)。

A. 积极成长基金　　　　B. 主动型基金

C. 灵活配置基金　　　　D. 指数型基金

【答案】 D

【解析】 本题考核的是被动型基金的概念。被动型基金，又称为指数型基金，其不主动寻求取得超越市场的表现，而是试图复制指数的表现。

6. 在一国境内设立，经该国有关部门批准从事境外证券市场的股票、债券等有价证券投资的基金是指（　　）。

A. LOF 基金　　B. ETF 基金

C. ETF 联接基金　　D. QDII 基金

【答案】 D

【解析】 本题考核的是 QDII 基金的概念。在一国境内设立，经该国有关部门批准从事境外证券市场的股票、债券等有价证券投资的基金被称为 QDII 基金。

【典型习题】

1. 对基金研究评价机构而言，基金分类的意义在于（　　）。

A. 有助于投资者做出选择

B. 作为基金评级的基础

C. 使得基金业绩的比较更客观公正

D. 有助于实施更有效的分类监管

2. 债券基金主要以债券为投资对象，基金资产（　　）以上投资于债券的为债券基金。

A. 50%　　B. 60%

C. 70%　　D. 80%

3. 收入型基金的投资对象不包括（　　）。

A. 大盘蓝筹股　　B. 公司债

C. 政府债券　　D. 具有良好增长潜力的股票

【参考答案】

1. B　　2. D　　3. D

第二节　基金的基本类别

【教材解读】

考点 1　股票基金（表 3—3）

表 3—3　股票基金

项　目	内　容
作用	以追求长期的资本增值为目标，较适合长期投资。 与其他类型基金相比，股票基金的风险、预期收益较高。股票基金提供了一种长期的投资增值性，可供投资者用于满足远期支出的需要。 应对通货膨胀最有效

续表

项　　目		内　　容
类型	按投资市场分	国内股票基金、国外股票基金与全球股票基金
类型	按股票规模分	小盘股票、中盘股票与大盘股票
类型	按股票性质分	分为价值型股票与成长型股票。 （1）价值型股票：收益稳定、价值被低估、安全性较高，其市盈率、市净率通常较低，倾向于长期投资。可被细分为低市盈率股、蓝筹股、收益型股票、防御型股票、逆势型股票等，从而有蓝筹股基金、收益型基金等。 （2）成长型股票：收益增长速度快、未来发展潜力大，其市盈率、市净率通常较高，适合短线操作。可分为持续成长型股票、趋势增长型股票、周期型股票等。 价值型股票基金专注于价值型股票投资，成长型股票基金专注于成长型股票投资，平衡型基金是投资于价值型股票与成长型股票的基金。三者的投资风险关系可简记为：价值型股票基金＜平衡型基金＜成长型股票基金
类型	按基金投资风格分	大盘价值型基金、大盘平衡型基金、大盘成长型基金、小盘价值型基金、小盘平衡型基金、小盘成长型基金等
类型	按行业分	基础行业基金、资源类股票基金、房地产基金等
股票基金与股票的区别		（1）股票价格在每一交易日内始终处于变动之中；股票基金净值的计算每天只进行 1 次，因此每一交易日股票基金只有 1 个价格。 （2）股票价格会因投资者买卖股票数量的大小和强弱的对比受到影响；股票基金份额净值不会因买卖数量或申购、赎回数量的多少受到影响。 （3）对基金份额净值高低进行合理与否的判断是没有意义的。 （4）股票基金的投资风险低于单一股票的投资风险

考点 2　债券基金（表 3－4）

表 3－4　　　　　　债券基金

项　　目		内　　容
作用		债券基金主要以债券为投资对象，因此对追求稳定收入的投资者具有较强的吸引力。 债券基金的波动性通常要小于股票基金，被投资者认为是收益、风险适中的投资工具。当债券基金与股票基金进行适当的组合投资时，能较好地分散投资风险
类型	根据债券发行者分	政府债券、企业债券、金融债券等
类型	根据债券到期日分	短期债券、长期债券等
类型	根据债券信用等级分	低等级债券、高等级债券等

续表

项　目	内　容
债券基金与债券的区别	债券基金与债券的区别在于： （1）收益不如债券的利息固定； （2）没有确定的到期日； （3）收益率更难以预测； （4）投资风险不同

考点 3　货币市场基金（表 3－5）

表 3－5　货币市场基金

项　目	内　容
作用	与其他类型基金相比，其风险低、流动性好，但其长期收益率较低，不适合长期投资
货币市场与股票市场的区别	（1）货币市场：进入门槛通常很高，很大程度上限制了一般投资者的进入；属于场外交易市场，交易主要由买卖双方通过电话或电子交易系统以协商价格完成。 （2）货币市场基金：投资门槛极低
投资对象	目前，我国货币市场基金可投资的金融工具主要包括： （1）现金； （2）1 年以内（含 1 年）的银行定期存款、大额存单； （3）剩余期限在 397 天以内（含 397 天）的债券； （4）期限在 1 年以内（含 1 年）的债券回购； （5）期限在 1 年以内（含 1 年）的中央银行票据； （6）剩余期限在 397 天以内（含 397 天）的资产支持证券。 货币市场基金不得投资下列金融工具： （1）股票； （2）可转换债券； （3）剩余期限超过 397 天的债券； （4）信用等级在 AAA 级以下的企业债券； （5）国内信用评级机构评定的 A－1 级或相当于 A－1 级的短期信用级别及该标准以下的短期融资券； （6）流通受限的证券

考点 4　混合基金（表 3－6）

表 3－6　混合基金

项　目	内　容
作用	混合基金的风险低于股票基金，预期收益高于债券基金。它为投资者提供了一种在不同资产类别之间进行分散投资的工具，适合较为保守的投资者

续表

项　　目	内　　容
类型	根据资产配置的不同，分为偏股型基金、偏债型基金、股债平衡型基金、灵活配置型基金等。 偏股型基金：股票的配置比例为 50%～70%，债券为 20%～40%。 股债平衡型基金：股票与债券的配置比例较为均衡，通常为 40%～60%

【真题回顾】

1. 下列投资工具中，(　　)是应对通货膨胀最有效的手段。

A. 混合基金　　B. 债券基金

C. 货币市场基金　　D. 股票基金

【答案】 D

【解析】 本题考核的是股票基金的作用。股票基金是应对通货膨胀最有效的手段。

2. 下列关于股票基金特点的表述，错误的是(　　)。

A. 以追求长期的资本增值为目标

B. 适合短期波段操作，通过买卖价差盈利

C. 风险较高，但预期收益也较高

D. 应对通货膨胀有效的手段

【答案】 B

【解析】 本题考核的是股票基金的特点。股票基金适合长期投资，B 选项说法错误。

3. 下列关于股票基金与股票区别的表述，正确的是(　　)。

A. 对基金份额净值高低进行合理与否的判断是有意义的

B. 股票基金份额净值会由于买卖数量或申购、赎回数量的多少而受到影响

C. 股票基金投资风险高于单一股票的投资风险

D. 股票价格在每一交易日内始终处于变动之中，股票基金净值的计算每天只进行一次，因此每一交易日股票基金只有 1 个价格

【答案】 D

【解析】 本题考核的是股票基金与股票的区别。对股票基金份额净值高低进行合理与否的判断是没有意义的，A 选项错误。股票基金份额净值不会由于买卖数量或申购、赎回数量的多少而受到影响，B 选项错误。股票基金低于单一股票的投资风险，C 选项错误。股票价格在每一交易日内始终处于变动之中；股票基金净值的计算每天只进行 1 次，因此每一交易日股票基金只有 1 个价格，D 选项正确。

4. 下列关于价值型股票基金、平衡型股票基金与成长型股票基金投资风险大小比较的说法，正确的是(　　)。

A. 价值型股票基金＞平衡型股票基金＞成长型股票基金

B. 平衡型股票基金＞成长型股票基金＞价值型股票基金

C. 价值型股票基金＜平衡型股票基金＜成长型股票基金

D. 平衡型股票基金＜成长型股票基金＜价值型股票基金

【答案】C

【解析】本题考核的是价值型股票基金、平衡型股票基金与成长型股票基金的风险比较。价值型股票基金的投资风险低于成长型股票基金，平衡型基金的风险介于价值型股票基金与成长型股票基金之间。因此得出，价值型股票基金＜平衡型股票基金＜成长型股票基金，因此C选项正确。

5. 根据债券的发行人的不同，债券基金的分类不包括(　　)。

A. 可转换债券基金　　B. 金融债券基金

C. 政府债券基金　　D. 企业债券基金

【答案】A

【解析】本题考核的是债券基金的类型。根据债券基金的发行者，可分为政府债券、企业债券、金融债券等。

6. 下列选项中属于货币市场可以投资的金融工具的是(　　)。

A. 可转换债券

B. 1年以内的中央银行票据

C. 信用等级在AAA级以下的企业债券

D. 国内信用评级机构评定的A－1级或相当于A－1级的短期信用级别及其该标准以下的短期融资券

【答案】B

【解析】本题考核的是货币市场可以投资的金融工具。A、C、D选项均为不得投资的金融工具。

7. 混合基金的风险(　　)股票基金，预期收益则要(　　)债券基金。

A. 高于；高于　　B. 高于；低于

C. 低于；低于　　D. 低于；高于

【答案】D

【解析】本题考核的是混合基金的特点。混合基金风险低于股票基金，预期收益高于债券基金。

8. 偏股型混合基金中股票的配置比例是(　　)。

A. 50%～70%　　B. 20%～30%

C. 30%～50%　　D. 10%～20%

【答案】A

【解析】本题考核的是偏股型基金中股票的配置。偏股型基金中股票的配置比例为50%～70%。

【典型习题】

1. 股票基金与股票的区别在于(　　)。

A. 股票基金没有确定的到期日

B. 股票基金份额净值会由于买卖数量或申购、赎回数量的多少而受到影响

C. 股票基金的收益率比买入并持有到期的单一股票的收益率更难以预测

D. 股票基金的投资风险低于单一股票的投资风险

2. 下列关于货币市场基金的特点，表述错误的是（　　）。

A. 风险低　　　　B. 适合长期投资

C. 流动性好　　　　D. 长期收益率较低

3. 下列关于股票基金与股票区别的表述，错误的是（　　）。

A. 股票价格在每一交易日内始终处于变动之中，股票基金在每一交易日股票基金只有 1 个价格

B. 股票价格不会由于投资者买卖股票数量的大小和强弱的对比受到影响

C. 对基金份额净值高低进行合理与否的判断没有意义

D. 股票基金的投资风险低于单一股票的投资风险

4. 下列关于债券基金特点的表述，正确的是（　　）。

A. 收益高

B. 风险低

C. 波动性较股票基金大

D. 与股票基金进行适当组合投资，能较好分散投资风险

【参考答案】

1. D　　2. B　　3. B　　4. D

第三节　特殊的证券投资基金类别

【教材解读】

考点 1　保本基金（表 3－7）

表 3－7　　**保本基金**

项　目	内　容
特点	（1）招募说明书中引入保本保障机制，以保证基金份额持有人在保本周期到期时，可以获得投资本金。 （2）为保证本金安全，保本基金会将大部分资金投资于与基金到期日一致的债券。 （3）投资目标：在锁定风险的同时力争有机会获得潜在的高回报
保本策略	保本基金的核心在于运用投资组合保险策略进行基金操作。 国际上较为流行的主要有：对冲保险策略与固定比例投资组合保险策略（即 CPPI）。投资步骤，可分为三步： （1）根据投资组合期末最低目标价值（本金）和合理的折现率设定当前应持有的保本资产的价值，即投资组合的价值底线；

续表

项　　目	内　　容
保本策略	（2）计算投资组合现时净值超过价值底线的数额（该值通常称为安全垫），风险投资可承受的最高损失限额； （3）按安全垫的一定倍数确定风险资产投资的比例，并将其余资产投资于保本资产，在确保实现保本目标的同时，实现投资组合的增值

考点 2　交易型开放式指数基金（ETF）（表 3—8）

表 3—8　　交易型开放式指数基金（ETF）

项　　目		内　　容
特点		交易型开放式指数基金（ETF）的特点在于： （1）被动操作的指数基金； （2）实物申购、赎回机制； （3）一级市场与二级市场并存的交易制度。 交易型开放式指数基金（ETF）从本质上来讲是指数基金，与传统指数基金相比，其复制效果更好，成本更低，买卖更为方便（交易日随时进行买卖），并可以进行套利交易
类型	根据 ETF 跟踪某一标的市场指数的不同	分为股票型 ETF、债券型 ETF 等
类型	根据复制方法的不同	分为完全复制型 ETF、抽样复制型 ETF
套利交易		（1）折价交易：当二级市场 ETF 交易价格低于其份额净值，即发生折价交易时，大的投资者可以通过在二级市场低价买进 ETF，在一级市场赎回（高价卖出）份额，再于二级市场上卖掉股票而实现套利交易。 （2）溢价交易：当二级市场 ETF 交易价格高于其份额净值，即发生溢价交易时，大的投资者可以在二级市场买进一篮子股票，在一级市场按份额净值转换为 ETF（相当于低价买入 ETF）份额，再于二级市场上高价卖掉 ETF 实现套利交易。 套利机制的存在会迫使 ETF 二级市场价格与份额净值趋于一致，使 ETF 既不会出现类似封闭式基金二级市场大幅折价交易、股票大幅溢价交易的现象，也克服了开放式基金不能进行盘中交易的弱点
与上市开放式基金（LOF）的区别		（1）申购、赎回的标的不同。 （2）申购、赎回的场所不同。 （3）对申购、赎回限制不同。 （4）基金投资策略不同。 （5）二级市场的净值报价上，ETF 每 15 秒提供 1 个基金参考净值（IOPV）报价；LOF 通常 1 天只提供 1 次或几次基金净值报价

考点 3　ETF 联接基金

ETF 联接基金的主要特征在于：

(1) 依附于主基金；

(2) 提供了银行渠道申购 ETF 的渠道，可吸引大量的银行客户直接通过联接基金介入 ETF 的投资，增强 ETF 市场交易活跃度；

(3) 联接基金可提供目前 ETF 不具备的定期定额等方式介入 ETF 的运作；

(4) 联接基金不能参与 ETF 的套利，发展联接基金的目的主要是为了做大指数基金的规模；

(5) 联接基金不是基金中的基金（FOF），完全依附主基金，将所有投资通过主基金进行，而基金中的基金往往投资于不同基金管理人管理的多只基金。

考点 4　QDII 基金（表 3－9）

表 3－9　QDII 基金

项　　目	内　　容
概述	QDII 是经中国证监会批准可以在境内募集资金进行境外证券投资的机构称为合格境内机构投资者。 QDII 基金可以人民币、美元或其他主要外汇货币为计价货币募集
投资对象	(1) 银行存款、可转让存单、银行承兑汇票、银行票据、商业票据、回购协议、短期政府债券等货币市场工具。 (2) 政府债券、公司债券、可转换债券、住房按揭支持证券、资产支持证券等，以及经中国证监会认可的国际金融组织发行的证券。 (3) 与中国证监会签署双边监管合作谅解备忘录的国家或地区证券市场挂牌交易的普通股、优先股、全球存托凭证和美国存托凭证、房地产信托凭证。 (4) 在已与中国证监会签署双边监管合作谅解备忘录的国家或地区证券监管机构登记注册的公募基金。 (5) 与固定收益、股权、信用、商品指数、基金等标的物挂钩的结构性投资产品。 (6) 远期合约、互换及经中国证监会认可的境外交易所上市交易的权证、期权、期货等金融衍生产品
禁止性行为	(1) 购买不动产。 (2) 购买房地产抵押按揭。 (3) 购买贵重金属或代表贵重金属的凭证。 (4) 购买实物商品。 (5) 除应付赎回、交易清算等临时用途以外，借入现金。该临时用途借入现金的比例不得超过基金、集合计划资产净值的 10%。 (6) 利用融资购买证券，但投资金融衍生产品除外。 (7) 参与未持有基础资产的卖空交易。 (8) 从事证券承销业务。 (9) 中国证监会禁止的其他行为

考点 5　分级基金（表 3－10）

表 3－10　分级基金

项　目		内　容
概述		分级基金，指通过事先约定基金的风险收益分配，将母基金份额分为预期风险收益不同的子份额，并可将其中部分或全部类别份额上市交易的结构化证券投资基金。 其中，基础份额为母基金份额，预期风险收益较低的子份额为 A 类份额，较高的为 B 类份额
特点		（1）一只基金，多类份额，多种投资工具。 （2）A 类、B 类份额分级，资产合并运作。 （3）基金份额可在交易所上市交易。 （4）内含衍生工具与杠杆特性。 （5）多种收益实现方式、投资策略丰富
分类	按运作方式分	封闭式分级基金与开放式分级基金
	按投资对象分	股票型分级基金、债券型分级基金（包括转债分级基金）和 QDII 分级基金等
	按投资风格分	主动投资型分级基金与被动投资（指数化）型分级基金
	按募集方式分	合并募集和分开募集
	按子份额之间收益分配规则分	简单融资型分级基金与复杂型分级基金
	按是否存在母基金份额分	存在母基金份额的分级基金和不存在母基金份额的分级基金
	按是否具有折算条款	具有折算条款的分级基金和不具有折算条款的分级基金

【真题回顾】

1. 保本基金将大部分资金投资于（　　）。

A. 股票　　　　B. 货币市场工具

C. 衍生金融工具　　　　D. 与基金到期日一致的债券

【答案】 D

【解析】 本题考核的是保本基金的用途。保本基金将大部分资金投资于与基金到期日一致的债券。

2. 下列关于保本基金的表述，不正确的是（　　）。

A. 在任意时点保证投资者本金安全

B. 投资目标是在锁定下跌风险的同时力争有机会获取潜在的回报

C. 保证投资者投资到期时至少能够获得投资本金或一定回报

D. 采用投资组合保险策略

【答案】A

【解析】本题考核的是保本基金的特点。保本基金是以保证基金份额持有人在保本周期到期时，可以获得投资本金，A 选项说法错误。

3. 能够进行实时套利交易的基金是(　　)。

A. ETF　　B. LOF

C. 伞形基金　　D. 保本基金

【答案】A

【解析】本题考核的是 ETF 的特点。ETF 的买卖更为方便（可以在交易日随时进行买卖），并可以进行套利交易。

4. 在(　　)募集资金可以进行(　　)证券投资的机构就被称为合格境内机构投资者。

A. 境外；境内　　B. 境内；境内

C. 境外；境外　　D. 境内；境外

【答案】D

【解析】本题考核的是 QDII 的概念。经中国证监会批准可以在境内募集资金进行境外证券投资的机构称为合格境内机构投资者，即 QDII。

5. 分级基金按运作方式分类可分为(　　)。

A. 主动投资型分级基金与被动投资（指数化）型分级基金

B. 封闭式分级基金与开放式分级基金

C. 合并募集和分开募集

D. 存在母基金份额的分级基金和不存在母基金份额的分级基金

【答案】B

【解析】本题考核的是分级基金的分类。分级基金按运作方式可分为封闭式分级基金与开放式分级基金。

【典型习题】

1. 关于交易型开放式指数基金（ETF）与上市开放式基金（LOF）的区别，说法错误的是(　　)。

A. ETF 与投资者交换的是基金份额与一篮子股票，LOF 的申购、赎回是基金份额与现金的对价

B. ETF 的申购、赎回通过交易所进行；LOF 的申购、赎回必须在代销网点进行

C. 两者的投资策略不同

D. 只有资金在一定规模以上的投资者（基金份额通常要求在 50 万份以上）才能参与 ETF 的申购、赎回交易，LOF 在申购、赎回上没有特别要求

2. 特殊类型基金不包括(　　)。

A. 系列基金　　B. 在岸基金

C. 上市开放式基金　　　　D. 保本基金

3. 保本基金的最大特点是其(　　)中明确引入保本保障机制，以保证基金份额持有人在保本周期到期时，可以获得投资本金。

A. 基金　　　　B. 基金宣传推介材料

C. 招募说明书　　　　D. 基金托管协议

4. 交易型开放式指数基金（ETF）与传统的指数基金相比，其特点在于(　　)。

A. 复制效果较差　　　　B. 成本较高

C. 不可进行套利交易　　　　D. 买卖方便

【参考答案】

1. B　2. B　3. C　4. D

第4章　证券投资基金的监管

【知识结构框架】

- 证券投资基金的监管
  - 基金监管概述
    - 基金监管的概念及特征
    - 基金监管的体系、目标及基本原则
  - 基金监管机构和行业自律组织
    - 政府基金监管机构——中国证监会
    - 基金行业自律组织——基金业协会
    - 证券市场的自律管理者——证券交易所
    - 中国证券投资基金业协会章程的主要内容
  - 对基金机构的监管
    - 对基金管理人的市场准入监管
    - 对基金管理人从业人员资格的监管
    - 对基金管理人及其从业人员执业行为的监管
    - 对基金管理人内部治理的监管
    - 中国证监会对基金管理人的监管措施
    - 对基金托管人的监管
    - 对基金服务机构的监管
  - 对基金活动的监管
    - 公开募集基金的注册
    - 公开募集基金的发售
    - 对公开募集基金销售活动的监管
    - 对公开募集基金投资与交易行为的监管
    - 对公开募集基金信息披露的监管
    - 基金份额持有人的权利及基金份额持有人大会的召开
  - 对非公开募集基金的监管
    - 非公开募集基金的基金管理人的登记
    - 对非公开募集基金募集行为的监管
    - 对非公开募集基金运作的监管

第一节 基金监管概述

【教材解读】

考点1 基金监管的概念及特征（表4—1）

表4—1 基金监管的概念及特征

项目	内容
概念	基金监管分广义和狭义。 （1）广义：是指有法定监管权的政府机构、基金行业自律组织、基金机构内部监督部门以及社会力量（各种独立的专业评估机构、审计机构，以及社会媒体、基金投资者和普通公众等）对基金市场、基金市场主体及其活动的监督或管理。 （2）狭义：专指政府基金监管机构依法对基金市场、基金市场主体及其活动的监督和管理
特征	（1）监管内容的全面性。 （2）监管对象的广泛性。 （3）监管时间的连续性。 （4）监管主体及其权限的法定性。 （5）监管活动的强制性（政府基金监管最广泛、最权威、最有效）

考点2 基金监管的体系、目标及基本原则（表4—2）

表4—2 基金监管的体系、目标及基本原则

项目	内容
基金监管体系	基金监管活动的要素主要包括：目标、体制、内容和方式等。 其中，基金监管方式是指基金监管所采用的方法和形式，也称基金监管的手段和措施，有广义与狭义之分。 （1）广义的监管方式：包括对基金市场主体即基金机构的市场准入监管、对基金机构市场行为的监管以及对基金机构各种违法违规行为或出现某些法定情形后的处置措施，也即对基金机构的审核注册、对基金机构行为的检查以及检查后对存在问题的基金机构的各种行政处置措施，分别体现事前监管、事中监管和事后监管。 （2）狭义的监管方式：也称为监管措施，不包括市场准入监管，仅包括检查及其后续的处置措施
基金监管目标	基金监管目标在于： （1）保护投资人权益（首要目标）及相关当事人的合法权益； （2）规范证券投资基金活动； （3）促进证券投资基金和资本市场健康发展

续表

项　　目	内　　容
基本原则	（1）保障投资人利益。 （2）适度监管："四位一体"的监管格局，即政府监管为核心、行业自律为纽带、机构内控为基础、社会监督为补充。 （3）高效监管。 （4）依法监管。 （5）审慎监管：又称"结构性的早期干预和解决方案"。 （6）三公监管：即"公开、公平、公正"

【真题回顾】

1. 下列选项中不属于社会力量的是（　　）。

A. 基金行业自律组织　　B. 基金投资者

C. 审计机构　　D. 社会媒体

【答案】 A

【解析】 本题考核的是基金监管的社会力量。包括：各种独立的专业评估机构、审计机构，以及社会媒体、基金投资者和普通公众等。A 选项不属于社会力量。

2. 政府监管较之基金行业自律、基金机构内控以及社会力量监督具有的特征不包括（　　）。

A. 监管对象具有广泛性

B. 监管主体及其权限具有法定性

C. 监管活动具有自觉性

D. 监管时间具有连续性

【答案】 C

【解析】 本题考核的是政府基金监管的特征。包括：①监管内容的全面性；②监管对象的广泛性；③监管时间的连续性；④监管主体及其权限的法定性；⑤监管活动的强制性。

3. 基金监管活动的要素包括（　　）等。

A. 原则、内容、方式、手段　　B. 目标、原则、方式、手段

C. 目标、体制、内容、方式　　D. 目标、体制、手段、方式

【答案】 C

【解析】 本题考核的是基金监管活动的要素。主要包括：目标、体制、内容和方式等，C 选项正确。

4. 基金监管的首要目标是（　　）。

A. 规范证券投资基金活动

B. 保护基金管理人利益

C. 保证证券投资基金和资本市场的健康发展

D. 保护投资人利益

【答案】 D

【解析】 本题考核的是基金监管的首要目标。基金监管目标在于保护投资人及相关当事人的合法权益，其首要目标是保护投资人利益。

5. 基金监管的基本原则不包括（　　）

A. 严格监管原则　　B. 保障投资人利益原则

C. 审慎监管原则　　D. 公开、公平、公正监管原则

【答案】 A

【解析】 本题考核的是基金监管的基本原则。基金监管的基本原则有：保障投资人利益、适度、高效、依法、审慎、三公（公开、公平、公正）。

6. “四位一体”的监管格局不包括（　　）。

A. 以政府监管为核心　　B. 以行业自律为纽带

C. 以社会监督为补充　　D. 以科学技术为基础

【答案】 D

【解析】 本题考核的是“四位一体”监管格局的含义。“四位一体”是指以政府监管为核心、行业自律为纽带、机构内控为基础、社会监督为补充。

7. 基金监管“三公”原则中的公正原则是指（　　）。

A. 要求作为证券监管对象之一的基金市场具有充分的透明度，实现市场信息公开化

B. 对监管对象公正对待，一视同仁

C. 基金市场主体平等，要求基金监管机构依照相同的标准衡量同类监管对象的行为

D. 要求基金监管机构的监管规则和处罚应当公开

【答案】 B

【解析】 本题考核的是公正原则的含义。公正原则是要求基金监管机构在公开、公平的基础上，对监管对象公正对待，一视同仁。

【典型习题】

1. 基金监管的特征不包括（　　）。

A. 监管内容具有全面性　　B. 监管对象具有广泛性

C. 监管时间具有连续性　　D. 监管活动具有可协调性

2. 基金监管活动的要素不包括（　　）。

A. 目标　　B. 体制

C. 内容　　D. 手段

【参考答案】

1. D　　2. D

第二节　基金监管机构和行业自律组织

【教材解读】

考点 1　政府基金监管机构——中国证监会（表 4－3）

表 4－3　政府基金监管机构——中国证监会

项　目		内　容
监管职责		（1）制定有关证券投资基金活动监督管理的规章、规则，并行使审批、核准或注册权。 （2）办理基金备案。 （3）对基金管理人、基金托管人及其他机构从事证券投资基金活动进行监督管理，对违法行为进行查处，并予以公告。 （4）制定基金从业人员的资格标准和行为准则，并监督实施。 （5）监督、检查基金信息的披露情况。 （6）指导和监督基金业协会的活动。 （7）法律、行政法规规定的其他职责
监管措施	检查	检查是基金监管的重要措施，属事中监管方式，分为日常检查和年度检查，也可分为现场检查和非现场检查。 中国证监会可根据实际情况，定期或不定期地对基金机构的合规监控、风险管理、内部稽核、行为规范等方面进行检查。 中国证监会有权对基金管理人、基金托管人、基金服务机构进行现场检查，并要求其报送有关的业务资料。现场检查是基金监管机构的检查人员亲临基金机构业务场所，通过现场察看、听取汇报、查验资料等方式进行实地检查
	调查取证	职权范围： （1）进入涉嫌违法行为发生场所调查取证； （2）询问当事人和与被调查事件有关的单位和个人，要求其对与被调查事件有关的事项做出说明； （3）查阅、复制与被调查事件有关的财产权登记、通信记录等资料； （4）查阅、复制当事人和与被调查事件有关的单位和个人的证券交易记录、登记过户记录、财务会计资料及其他相关文件和资料； （5）对可能被转移、隐匿或者毁损的文件和资料，可予以封存； （6）查询当事人和与被调查事件有关的单位和个人的资金账户、证券账户和银行账户； （7）对有证据证明已经或者可能转移或者隐匿违法资金、证券等涉案财产或者隐匿、伪造、毁损重要证据的，经中国证监会主要负责人批准，可以冻结或者查封

续表

项目		内容
监管措施	限制交易	中国证监会在调查操纵证券市场、内幕交易等重大证券违法行为时，经中国证监会主要负责人批准，可以限制被调查事件当事人的证券买卖，但限制的期限不得超过15个交易日；案情复杂的，可以延长15个交易日
	行政处罚	中国证监会可采取的行政处罚措施主要包括：没收违法所得、罚款、责令改正、警告、暂停或者撤销基金从业资格、暂停或者撤销相关业务许可、责令停业等
中国证监会工作人员的责任		中国证监会领导干部离职后3年内，一般工作人员离职后2年内，不得到与原工作业务直接相关的机构任职。 经中国证监会批准的，可在基金管理公司、证券公司、期货公司等机构担任督察长、合规总监、首席风险官等职务

考点2 基金行业自律组织——基金业协会（表4—4）

表4—4　　基金行业自律组织——基金业协会

项目	内容
发展进程	2001年8月，中国证券业协会基金公会成立。 2004年12月，中国证券业协会证券投资基金业委员会成立。 2007年，中国证券业协会设立基金公司会员部，负责基金管理公司和基金托管银行特别会员的自律管理。 2012年6月，中国证券投资基金业协会正式成立，原中国证券业协会基金公司会员部的行业自律职责转入中国证券投资基金业协会
组成	基金管理人、基金托管人应加入基金业协会，基金服务机构可加入基金业协会。 基金业协会的权力机构为全体会员组成的会员大会，执行机构是理事会。 中国证券业协会会员分为：普通会员、联席会员、特别会员

考点3 证券市场的自律管理者——证券交易所（表4—5）

表4—5　　证券市场的自律管理者——证券交易所

项目	内容
法律地位	证券交易所具有监管者和被监管者的双重身份： （1）作为证券市场组织者，为众多证券机构提供集中交易场所，组织证券交易，实行自律管理，是市场的管理者，具有法定的监管权限； （2）作为特殊的市场主体，要接受政府证券监管机构的监管

续表

项　　目	内　　容
职责	证券交易所依法可以制定上市规则、交易规则、会员管理规则等。 证券交易所负责对基金在交易所内的投资交易活动进行监管；负责交易所上市基金的信息披露监管工作
对基金份额上市交易的监管	基金份额在证券交易所上市交易，应当遵守证券交易所的业务规则，接受证券交易所的自律性监管
对基金投资行为的监管	证券交易所设有基金交易监控系统，对投资者买卖基金的交易行为以及基金在证券市场的投资运作行为的合法合规性进行日常监控，重点监控涉嫌违法违规的交易行为，并监控基金财产买卖高风险股票的行为等。 证券交易所在监控中发现基金交易行为异常涉嫌违法违规的，可根据具体情况，采取电话提示、警告、约见谈话、公开谴责等措施，并同时向中国证监会报告

考点 4　中国证券投资基金业协会章程的主要内容（表 4—6）

表 4—6　　中国证券投资基金业协会章程的主要内容

项　　目	内　　容
职责范围	（1）依法维护会员合法权益，向监管机构、政府部门及其他相关机构反映会员的建议和要求。 （2）为会员提供服务，组织投资者教育，开展行业研究、行业宣传、会员交流、国际交流与合作，推动行业创新发展。 （3）制定和实施行业自律规则，监督、检查会员执业行为，维护行业秩序，调解会员之间、会员与投资者之间的业务纠纷，推动行业诚信建设、树立合规经营理念，对违反法律法规或者本团体章程的，按照规定给予纪律处分。 （4）受监管机构委托制定执业标准和业务规范，对从业人员实施资格考试和资格管理，组织业务培训。 （5）根据法律法规和中国证监会授权开展相关工作
最高权力机构	由全体会员组成的会员大会
理事会	理事会是会员大会闭会期间的执行机构，在会员大会闭会期间领导本团体开展日常工作，对会员大会负责。理事会每届 4 年，由会员大会决定换届事宜。因特殊情况需提前或延期换届的，应事先以书面形式报中国证监会审查并经民政部批准，延期换届最长不超过 1 年理事会由会员理事和非会员理事组成。会员理事由会员大会选举产生。非会员理事由中国证监会委派。非会员理事不超过理事总数的 20%。会员理事调整代表须经会长办公会确认。理事会须有 2/3 以上理事出席方能召开，其决议须经到会理事 2/3 以上表决通过方能生效。理事会每年至少召开 1 次会议。情况特殊的，可采用通讯方式召开

续表

项　目	内　容
监事会	监事会由全体监事组成，监事会是我国证券投资基金业协会工作的监督机构。监事由会员大会选举产生。我国证券投资基金业协会的监事、理事不得互相兼任
负责人产生	会长、专职副会长由中国证监会提名，理事会选举产生；兼职副会长由会长从会员理事中提名，理事会选举产生；监事长、副监事长由会员代表担任，监事会选举产生；秘书长由中国证监会推荐，会长提名，理事会选举产生；副秘书长由中国证监会推荐，会长提名，理事会决定。 会长、监事长、副会长、副监事长、秘书长每届任期四年，连任不超过两届。因特殊情况需延长任期的，须经会员大会须 2/3 以上有表决权的会员代表表决通过，报中国证监会审查并经民政部批准后方可任职
章程的修改程序	对章程的修改，须经理事会表决通过后报会员大会审议。修改的章程，须在会员大会通过后 15 日内，报中国证监会审查，经同意，报民政部核准后生效

【真题回顾】

1. 下列基金监管措施中，属于事中监管的是(　　)。

A. 检查　　B. 稽核

C. 调查取证　　D. 行政处罚

【答案】 A

【解析】 本题考核的是中国证监会对基金市场的监管措施。包括：检查、调查取证、限制交易、行政处罚，其中检查属于事中监管。

2. 根据《证券投资基金法》的规定，中国证监会依法履行职责，有权采取的监管措施不包括(　　)。

A. 刑事处罚　　B. 行政处罚

C. 限制交易　　D. 调查取证

【答案】 A

【解析】 本题考核的是中国证监会对基金市场的监管措施。包括：检查、调查取证、限制交易、行政处罚，刑事处罚不包括在内。

3. 中国证监会领导干部离职后(　　)年内，一般工作人员离职(　　)年内，不得到与原工作业务直接相关的机构任职。

A. 2；1　　B. 5；3

C. 3；2　　D. 3；1

【答案】 C

【解析】 本题考核的是中国证监会工作人员的责任。中国证监会领导干部离职后 3 年内，一般工作人员离职后 2 年内，不得到与原工作业务直接相关的机构任职。

4. 中国证券投资基金业协会会员分为三类：（　　）。

A. 企业会员、联席会员、特别会员

B. 普通会员、联席会员、特别会员

C. 普通会员、联席会员、企业会员

D. 普通会员、企业会员、特别会员

【答案】 B

【解析】 本题考核的是中国证券投资基金业协会会员的分类。中国证券投资基金业协会会员分为普通会员、联席会员、特别会员。

5.（　　）是基金业协会的执行机构。

A. 会员大会　　B. 理事会

C. 董事会　　D. 监事会

【答案】 B

【解析】 本题考核的是基金业协会的执行机构。基金业协会的执行机构是理事会。

6. 证券交易所在监控中发现基金交易行为异常，涉嫌违法违规的，可以根据具体情况，采取电话提示、警告、约见谈话、公开谴责等措施，并同时向（　　）报告。

A. 中国银监会　　B. 基金业协会

C. 中国证监会　　D. 证券业协会

【答案】 C

【解析】 本题考核的是基金投资行为的监管。证券交易所在监控中发现基金交易行为异常涉嫌违法违规的，可根据具体情况，采取电话提示、警告、约见谈话、公开谴责等措施，并同时向中国证监会报告。

【典型习题】

1. 对基金市场负有监管职责的机构是（　　）。

A. 中国银监会　　B. 中国证券业协会

C. 中国基金业协会　　D. 中国证监会

2. 中国证监会的职责不包括（　　）。

A. 办理基金备案

B. 监督检查基金信息的披露情况

C. 制定基金从业人员的资格标准和行为准则

D. 组织行业交流，推动行业创新，开展行业宣传和投资人教育活动

3. 中国证监会对基金市场的监管职责是（　　）。

A. 制定有关证券投资基金活动监督管理的规章、规则

B. 制定和实施行业自律规则，监督、检查会员及其从业人员的执业行为

C. 制定行业执业标准和业务规范，组织基金从业人员的从业考试、资质管理和业务培训

D. 教育和组织会员遵守有关证券投资的法律、行政法规，维护投资人合法权益

4. 中国证券业协会基金公会于（　　）成立。

A. 2000 年 6 月　　B. 2000 年 8 月
C. 2001 年 6 月　　D. 2001 年 8 月

5. 我国证券投资基金业协会修改的章程，须在会员大会通过后（　　）日内，报中国证监会审查，经同意，报民政部核准后生效。

A. 5　　B. 10
C. 15　　D. 20

【参考答案】

1. D　2. D　3. A　4. D　5. C

第三节　对基金机构的监管

【教材解读】

考点 1　对基金管理人的市场准入监管（表 4—7）

表 4—7　对基金管理人的市场准入监管

项　目	内　容
法定组织形式	《证券投资基金法》的规定，基金管理人由依法设立的公司或者合伙企业担任
设立管理公开募集基金的基金管理公司的条件	（1）有符合《证券投资基金法》和《中华人民共和国公司法》（以下简称《公司法》）规定的章程。 （2）注册资本不低于 1 亿元，且必须为实缴货币资本。 （3）主要股东应当具有经营金融业务或者管理金融机构的良好业绩、良好的财务状况和社会信誉，资产规模达到国务院规定的标准，最近 3 年没有违法记录。根据《国务院关于管理公开募集基金的基金管理公司有关问题的批复》国函〔2013〕132 号，基金公司主要股东为法人或者其他组织的，净资产不低于 2 亿元；主要股东为自然人的，个人金融资产不低于 3000 万元，在境内外资产管理行业从业 10 年以上。 （4）对基金管理公司持有 5%以上股权的非主要股东，非主要股东为法人或者其他组织的，净资产不低于 5000 万元，资产质量良好，内部监控制度完善；非主要股东为自然人的，个人金融资产不低于 1000 万元，在境内外资产管理行业从业 5 年以上。 （5）取得基金从业资格的人员达到法定人数。拟任高级管理人员、业务人员不少于 15 人，并应当取得基金从业资格。 （6）董事、监事、高级管理人员具备相应的任职条件。 （7）有符合要求的营业场所、安全防范设施和与基金管理业务有关的其他设施。 （8）有良好的内部治理结构、完善的内部稽核监控制度、风险控制制度。 （9）法律、行政法规规定的和经国务院批准的中国证监会规定的其他条件

考点 2　对基金管理人从业人员资格的监管（表 4—8）

表 4—8　　对基金管理人从业人员资格的监管

项　　目	内　　容
基金从业资格	《证券投资基金法》规定，基金管理人的董事、监事和高级管理人员，应当熟悉证券投资方面的法律、行政法规，具有 3 年以上与其所任职务相关的工作经历；高级管理人员还应具备基金从业资格
基金管理公司投资管理人员	包括：公司投资决策委员会成员，公司分管投资、研究、交易业务的高级管理人员，公司投资、研究、交易部门的负责人，基金经理、基金经理助理以及中国证监会规定的其他人员
基金经理的任职条件	（1）取得基金从业资格。 （2）通过中国证监会或者其授权机构组织的证券投资法律知识考试。 （3）具有 3 年以上证券投资管理经历。 （4）没有《公司法》《证券投资基金法》等法律、行政法规规定的不得担任公司董事、监事、经理和基金从业人员的情形。 （5）最近 3 年没有受到证券、银行、工商和税务等行政管理部门的行政处罚
基金管理人从业人员的兼任和竞业禁止	公开募集基金的基金管理人的董事、监事、高级管理人员和其他从业人员，不得担任基金托管人或者其他基金管理人的任何职务，不得从事损害基金财产和基金份额持有人利益的证券交易及其他活动。 基金管理人的法定代表人、经营管理主要负责人和从事合规监管的负责人的选任或者改任，应当报经中国证监会进行审核

考点 3　对基金管理人及其从业人员执业行为的监管（表 4—9）

表 4—9　　对基金管理人及其从业人员执业行为的监管

项　　目	内　　容
基金管理人的法定职责	（1）依法募集资金，办理基金份额的发售和登记事宜。 （2）办理基金备案手续。 （3）对所管理的不同基金财产分别管理、分别记账，进行证券投资。 （4）按照基金合同的约定确定基金收益分配方案，及时向基金份额持有人分配收益。 （5）进行基金会计核算并编制基金财务会计报告。 （6）编制中期和年度基金报告。 （7）计算并公告基金资产净值，确定基金份额申购、赎回价格。 （8）办理与基金财产管理业务活动有关的信息披露事项。 （9）按照规定召集基金份额持有人大会。 （10）保存基金财产管理业务活动的记录、账册、报表和其他相关资料。

续表

项　目	内　容
基金管理人的法定职责	(11) 以基金管理人名义，代表基金份额持有人利益行使诉讼权利或者实施其他法律行为。 (12) 中国证监会规定的其他职责
基金管理人及其从业人员的执业禁止行为	公开募集基金的基金管理人及其董事、监事、高级管理人员和其他从业人员不得有下列行为： (1) 将其固有财产或者他人财产混同于基金财产从事证券投资； (2) 不公平地对待其管理的不同基金财产； (3) 利用基金财产或者职务之便为基金份额持有人以外的人牟取利益； (4) 向基金份额持有人违规承诺收益或者承担损失； (5) 侵占、挪用基金财产； (6) 泄露因职务便利获取的未公开信息，利用该信息从事或者明示、暗示他人从事相关的交易活动； (7) 玩忽职守，不按照规定履行职责； (8) 法律、行政法规和中国证监会规定禁止的其他行为

考点 4　对基金管理人内部治理的监管（表 4—10）

表 4—10　　对基金管理人内部治理的监管

项　目	内　容
基金管理人内部治理的法定基本原则	基金份额持有人利益优先原则： (1) 公开募集基金的基金管理人的股东、董事、监事和高级管理人员在行使权利或者履行职责时，应当遵循基金份额持有人利益优先的原则。 (2) 当基金管理人及其从业人员的利益与基金份额持有人利益发生冲突时，应以基金份额持有人利益优先
对基金管理人的股东、实际控制人的监管	基金管理人的股东、实际控制人应当按照中国证监会的规定及时履行重大事项报告义务，并不得有下列行为： (1) 虚假出资或者抽逃出资； (2) 未依法经股东会或者董事会决议擅自干预基金管理人的基金经营活动； (3) 要求基金管理人利用基金财产为自己或者他人牟取利益，损害基金份额持有人利益； (4) 中国证监会规定禁止的其他行为。 根据《国务院关于管理公开募集基金的基金管理公司有关问题的批复》，存在下列情形的，不得成为基金管理公司实际控制人： (1) 因故意犯罪被判处刑罚，刑罚执行完毕未逾 3 年； (2) 净资产低于实收资本的 50%，或者或有负债达到净资产的 50%； (3) 不能清偿到期债务

续表

项　　目	内　　容
风险准备金制度	公开募集基金的基金管理人因违法违规、违反基金合同等原因给基金财产或者基金份额持有人合法权益造成损失，应当承担赔偿责任的，可优先使用风险准备金进行赔偿

考点 5　中国证监会对基金管理人的监管措施（表 4—11）

表 4—11　　中国证监会对基金管理人的监管措施

项　　目	内　　容
基金管理人违法违规行为	基金管理人整改后，应向中国证监会提交报告。 经中国证监会验收符合有关要求的，应自验收完毕之日起 3 日内解除对其采取的有关措施
基金管理人职责终止	基金管理人职责终止的，应按照规定聘请会计师事务所对基金财产进行审计，并将审计结果予以公告，报中国证监会备案

考点 6　对基金托管人的监管（表 4—12）

表 4—12　　对基金托管人的监管

监管项目	内　　容
基金托管人的市场准入监管	担任基金托管人，应具备下列条件： （1）净资产和风险控制指标符合有关规定； （2）有专门的基金托管部门； （3）取得基金从业资格的专职人员达到法定人数； （4）有安全保管基金财产的条件； （5）有安全高效的清算、交割系统； （6）有符合要求的营业场所、安全防范设施和与基金托管业务有关的其他设施； （7）有完善的内部稽核监控制度和风险控制制度； （8）法律、行政法规规定的和经国务院批准的中国证监会、中国银监会规定的其他条件
中国证监会对基金托管人的监管措施	（1）责令整改措施：①限制业务活动，责令暂停办理新的基金托管业务；②责令更换负有责任的专门基金托管部门的高级管理人员。 （2）取消托管资格措施：①连续 3 年没有开展基金托管业务的；②违反《证券投资基金法》规定，情节严重的；③法律、行政法规规定的其他情形。 （3）对基金托管人职责终止的监管措施：基金托管人职责终止的，基金份额持有人大会应当在 6 个月内选任新基金托管人；新的基金托管人产生前，由中国证监会指定临时基金托管人

考点 7 对基金服务机构的监管（表 4—13）

表 4—13 **对基金服务机构的监管**

监管项目	内　　容
市场准入监管	开展基金服务业务，首先应取得相应业务许可
申请注册基金销售业务资格的条件	商业银行、证券公司、期货公司、保险机构、证券投资咨询机构、独立基金销售机构以及中国证监会认定的其他机构申请注册基金销售业务资格，应当具备下列条件： （1）具有健全的治理结构、完善的内部控制和风险管理制度，并得到有效执行； （2）财务状况良好，运作规范稳定； （3）有与基金销售业务相适应的营业场所、安全防范设施和其他设施； （4）有安全、高效的办理基金发售、申购和赎回等业务的技术设施，且符合中国证监会对基金销售业务信息管理平台的有关要求，基金销售业务的技术系统已与基金管理人、中国证券登记结算公司相应的技术系统进行了联网测试，测试结果符合国家规定的标准； （5）制定完善的资金清算流程，资金管理符合中国证监会对基金销售结算资金管理的有关要求； （6）有评价基金投资人风险承受能力和基金产品风险等级的方法体系； （7）制定了完善的业务流程、销售人员执业操守、应急处理措施等基金销售业务管理制度，符合中国证监会对基金销售机构内部控制的有关要求； （8）有符合法律法规要求的反洗钱内部控制制度； （9）中国证监会规定的其他条件

【真题回顾】

1. 基金监管从内容上未涉及到对以下(　　)的监管。

A. 基金机构的市场准入　　B. 基金机构从业人员的资格

C. 基金机构从业人员的行为　　D. 基金投资人

【答案】 D

【解析】 本题考核的是基金机构的监管。包括：基金机构的市场准入监管、基金机构从业人员资格和行为的监管等。

2. 依据《证券投资基金法》的规定，基金管理人由依法设立的公司或者(　　)担任。

A. 外资企业　　B. 独资企业

C. 公司企业　　D. 合伙企业

【答案】 D

【解析】 本题考核的是基金管理人的资格要求。依据《证券投资基金法》的规定，基金管理人由依法设立的公司或者合伙企业担任。

3. 设立管理公开募集基金的基金管理公司注册资本不低于(　　)亿元，且必须为实缴货币资本。

A. 5　　　　B. 2

C. 3　　　　D. 1

【答案】 D

【解析】 本题考核的是设立管理公开募集基金的基金管理公司的条件。设立管理公开募集基金的基金管理公司，应当具备的条件之一就是注册资本不低于 1 亿元，且必须为实缴货币资本。

4. 基金管理公司变更持有(　　)以上股权的股东，变更公司的实际控制人，或者变更其他重大事项，应当报经国务院证券监督管理机构批准。

A. 1%　　　　B. 5%

C. 3%　　　　D. 10%

【答案】 B

【解析】 本题考核的是基金管理公司股权的变更。基金管理公司变更持有 5%以上股权的股东，变更公司的实际控制人，或者变更其他重大事项，应当报经国务院证券监督管理机构批准。

5. 基金管理公司投资管理人员，不包括(　　)。

A. 公司投资决策委员会成员

B. 公司交易员

C. 公司投资、研究、交易部门的负责人

D. 基金经理助理

【答案】 B

【解析】 本题考核的是基金管理公司投资管理人员的组成。包括：公司投资决策委员会成员，公司分管投资、研究、交易业务的高级管理人员，公司投资、研究、交易部门的负责人，基金经理、基金经理助理以及中国证监会规定的其他人员。

6. 下列选项中不属于基金经理任职应当具备条件的是(　　)。

A. 具有 5 年以上证券投资管理经历

B. 最近 3 年没有受到证券、银行、工商和税务等行政管理部门的行政处罚

C. 通过中国证监会或者其他授权机构组织的高级管理人员证券投资法律知识考试

D. 取得基金从业资格

【答案】 A

【解析】 本题考核的是基金经理的任职条件。包括：①取得基金从业资格；②通过中国证监会或其授权机构组织的证券投资法律知识考试；③3 年以上证券投资管理经历；④没有《公司法》《证券投资基金法》等法律、行政法规规定的不得担任公司董事、监事、经理和基金从业人员的情形；⑤最近 3 年没有受到证券、银行、工商和税务等行政管理部门的行政处罚。

7. 基金管理人及其从业人员的执业禁止行为不包括(　　)。

A. 不公平地对待其管理的不同基金财产

B. 玩忽职守，不按照规定履行职责

C. 向基金份额持有人违规承诺收益或者承担损失

D. 对所管理的不同基金财产分别管理、分别记账，进行证券投资

【答案】D

【解析】本题考核的是基金管理人及其从业人员的执业禁止行为。D选项为基金管理人应当履行的职责。

8. 下列关于担任基金托管人条件的表述，错误的是（　　）。

A. 净资产和风险控制指标符合有关规定

B. 有安全高效的清算、交割系统

C. 设有专门的基金投资部门

D. 取得基金从业资格的专职人员达到法定人数

【答案】C

【解析】本题考核的是担任基金托管人的条件。C选项错误，正确应为设有专门的基金托管部门。

9. 连续（　　）年没有开展基金托管业务的基金托管人，中国证监会、中国银监会可以取消其基金托管资格。

A. 3　　B. 1

C. 2　　D. 0.5

【答案】A

【解析】本题考核的是中国证监会对基金托管人的监管措施。连续3年没有开展基金托管业务的，中国证监会、中国银监会可取消其基金托管资格。

10. 下列关于申请注册基金销售业务资格应当具备的条件，说法错误的是（　　）。

A. 有评价基金投资人风险承受能力和基金产品风险等级的方法体系

B. 制定了完善的资金清算流程、业务流程

C. 销售网点数量符合证监会对基金销售业务的要求

D. 财务状况良好，运作规范稳定

【答案】C

【解析】本题考核的是申请注册基金销售业务资格的条件。C选项并不包括在其中。

【典型习题】

1. 下列关于基金管理人的职责，表述错误的是（　　）。

A. 办理基金份额的发售和登记事宜

B. 办理基金备案

C. 计算并公告基金资产净值，确定基金份额申购、赎回价格

D. 进行基金会计核算并编制基金财务会计报告

2. 下列关于设立管理公开募集基金的基金管理公司应具备的条件，表述错误的是（　　）。

A. 注册资本不低于1亿元，且必须为实缴货币资本

B. 主要股东最近1年没有违法记录

C. 对基金管理公司持有5%以上股权的非主要股东，非主要股东为法人或者其他

组织的，净资产不低于 5000 万元

D. 有良好的内部治理结构、完善的内部稽核监控制度、风险控制制度

3.（　　）应当自受理基金管理公司设立申请之日起 6 个月内依照条件和审慎监管原则进行审查。

A. 中国银监会　　　　B. 中国证券业协会

C. 中国证监会　　　　D. 中国基金业协会

4. 下列关于基金经理任职条件的表述，错误的是（　　）。

A. 取得基金从业资格

B. 过中国证监会或者其授权机构组织的证券投资法律知识考试

C. 具有 5 年以上证券投资管理经历

D. 最近 3 年没有受到证券、银行、工商和税务等行政管理部门的行政处罚

5. 下列属于基金管理人应当履行的职责的是（　　）。

A. 编制中期和年度基金报告

B. 依法办理非公开募集基金的登记、备案

C. 开展行业宣传和投资人教育活动

D. 维护投资人合法权益

6. 对于因故意犯罪被判处刑罚，刑罚执行完毕未逾（　　）的，不得成为基金管理公司实际控制人。

A. 6 个月　　　　B. 1 年

C. 2 年　　　　D. 3 年

【参考答案】

1. B　　2. B　　3. C　　4. C　　5. A　　6. D

第四节　对基金活动的监管

【教材解读】

考点 1　公开募集基金的注册（表 4－14）

表 4－14　　公开募集基金的注册

项　目	内　容
申请	注册公开募集基金的，拟任基金管理人向中国证监会提交下列文件： （1）申请报告； （2）基金合同草案； （3）基金托管协议草案； （4）招募说明书草案； （5）律师事务所出具的法律意见书； （6）中国证监会规定提交的其他文件。

续表

项　　目	内　　容
申请	其中，基金招募说明书应包括下列内容： （1）基金募集申请的准予注册文件名称和注册日期； （2）基金管理人、基金托管人的基本情况； （3）基金合同和基金托管协议的内容摘要； （4）基金份额的发售日期、价格、费用和期限； （5）基金份额的发售方式、发售机构及登记机构名称； （6）出具法律意见书的律师事务所和审计基金财产的会计师事务所的名称和住所； （7）基金管理人、基金托管人报酬及其他有关费用的提取、支付方式与比例； （8）风险警示内容； （9）中国证监会规定的其他内容
审查	中国证监会应当自受理公开募集基金的募集注册申请之日起6个月内依照法律、行政法规及中国证监会的规定进行审查，作出注册或者不予注册的决定，并通知申请人；不予注册的，应当说明理由

考点2　公开募集基金的发售（表4—15）

表4—15　　公开募集基金的发售

项　　目	内　　容
发售条件	（1）基金募集申请经注册后，方可发售。 （2）基金份额的发售，由基金管理人或者其委托的基金销售机构办理。 （3）基金管理人应当在基金份额发售的3日前公布招募说明书、基金合同及其他有关文件。 （4）对基金募集所进行的宣传推介活动，应当符合有关法律、行政法规的规定，不得有虚假记载、误导性陈述或者重大遗漏等法律规定的公开披露基金信息禁止行为
募集期限	基金管理人应当自收到准予注册文件之日起6个月内，进行基金募集。超过6个月开始募集，原注册的事项未发生实质性变化的，应报中国证监会备案；发生实质性变化的，应当向中国证监会重新提交注册申请。 基金募集不得超过中国证监会准予注册的基金募集期限（自基金份额发售之日起计算）
基金合同的成立及生效	投资人交纳认购的基金份额的款项——基金合同成立；基金管理人依法向中国证监会办理基金备案手续——基金合同生效

续表

项　　目	内　　容
募集基金失败时基金管理人的责任	基金募集失败——基金募集期限届满，不能满足法律规定条件，无法办理基金备案手续，基金合同不生效。 基金募集失败，基金管理人应承担下列责任： （1）以其固有财产承担因募集行为而产生的债务和费用； （2）募集期限届满后 30 日内，返还投资人已交纳的款项，并加计银行同期存款利息

考点 3　对公开募集基金销售活动的监管（表 4—16）

表 4—16　　对公开募集基金销售活动的监管

监管项目	内　　容
基金销售适用性监管	基金销售适用性管理制度至少包括下列内容： （1）对基金管理人进行审慎调查的方式和方法； （2）对基金产品的风险等级进行设置、对基金产品进行风险评价的方式和方法； （3）对基金投资人风险承受能力进行调查和评价的方式和方法； （4）对基金产品和基金投资人进行匹配的方法
对基金宣传推介材料的监管	基金管理人的基金宣传推介材料应当事先经基金管理人负责基金销售业务的高级管理人员和督察长检查，出具合规意见书，并自向公众分发或者发布之日起 5 个工作日内报主要经营活动所在地中国证监会派出机构备案。 其他基金销售机构的基金宣传推介材料应事先经基金销售机构负责基金销售业务和合规的高级管理人员检查，出具合规意见书，并自向公众分发或者发布之日起 5 个工作日内报工商注册登记所在地中国证监会派出机构备案。 基金宣传推介材料应当含有明确、醒目的风险提示和警示性文字，提醒投资人注意投资风险
对基金销售费用的监管	基金销售机构收取增值服务费的，应符合下列要求： （1）遵循“合理、公开、质价相符”的定价原则； （2）所有开办增值服务的营业网点应当公示增值服务的内容； （3）统一印制服务协议，明确增值服务的内容、方式、收费标准、期限及纠纷解决机制等； （4）基金投资人应当享有自主选择增值服务的权利，选择接受增值服务的基金投资人应当在服务协议上签字确认； （5）增值服务费应单独缴纳，不应从申购（认购）资金中扣除； （6）提供增值服务和签订服务协议的主体应是基金销售机构，任何销售人员不得私自收取增值服务费； （7）相关监管机构规定的其他情形

考点4 对公开募集基金投资与交易行为的监管（表4—17）

表4—17 对公开募集基金投资与交易行为的监管

项 目	内 容
投资方式和范围	基金财产用于下列投资： （1）上市交易的股票、债券； （2）中国证监会规定的其他证券及其衍生品种
投资与交易行为的限制	基金财产不得用于下列投资或活动： （1）承销证券； （2）违反规定向他人贷款或提供担保； （3）从事承担无限责任的投资； （4）买卖其他基金份额，但中国证监会另有规定的除外； （5）向基金管理人、基金托管人出资； （6）从事内幕交易、操纵证券交易价格及其他不正当的证券交易活动； （7）法律、行政法规和中国证监会规定禁止的其他活动

考点5 对公开募集基金信息披露的监管（表4—18）

表4—18 对公开募集基金信息披露的监管

项 目	内 容
要求	真实性、准确性和完整性
公开披露的基金信息	（1）基金招募说明书、基金合同、基金托管协议。 （2）基金募集情况。 （3）基金份额上市交易公告书。 （4）基金资产净值、基金份额净值。 （5）基金份额申购、赎回价格。 （6）基金财产的资产组合季度报告、财务会计报告及中期和年度基金报告。 （7）临时报告。 （8）基金份额持有人大会决议。 （9）基金管理人、基金托管人的专门基金托管部门的重大人事变动。 （10）涉及基金财产、基金管理业务、基金托管业务的诉讼或者仲裁。 （11）中国证监会规定应予披露的其他信息
禁止行为	（1）虚假记载、误导性陈述或者重大遗漏。 （2）对证券投资业绩进行预测。 （3）违规承诺收益或者承担损失。 （4）诋毁其他基金管理人、基金托管人或者基金销售机构。 （5）法律、行政法规和中国证监会规定禁止的其他行为

考点 6 基金份额持有人的权利及基金份额持有人大会的召开（表 4－19）

表 4－19　　基金份额持有人的权利及基金份额持有人大会的召开

<table>
<tr><th colspan="2">项 目</th><th>内 容</th></tr>
<tr><td colspan="2">基金份额持有人的权利</td><td>（1）分享基金财产收益。
（2）参与分配清算后的剩余基金财产。
（3）依法转让或者申请赎回其持有的基金份额。
（4）按照规定要求召开基金份额持有人大会或者召集基金份额持有人大会。
（5）对基金份额持有人大会审议事项行使表决权。
（6）对基金管理人、基金托管人、基金服务机构损害其合法权益的行为依法提起诉讼。
（7）基金合同约定的其他权利</td></tr>
<tr><td rowspan="3">基金份额持有人会议的召开</td><td>召集</td><td>由基金管理人召集。基金份额持有人大会设立日常机构的，由该日常机构召集；该日常机构未召集的，由基金管理人召集。基金管理人未按规定召集或者不能召集的，由基金托管人召集。代表基金份额 10%以上的基金份额持有人就同一事项要求召开基金份额持有人大会，而基金份额持有人大会的日常机构、基金管理人、基金托管人都不召集的，代表基金份额 10%以上的基金份额持有人有权自行召集，并报中国证监会备案。
召开基金份额持有人大会，召集人应至少提前 30 日公告基金份额持有人大会的召开时间、会议形式、审议事项、议事程序和表决方式等事项。基金份额持有人大会不得就未经公告的事项进行表决</td></tr>
<tr><td>召开</td><td>可采取现场方式，也可采取通信等方式召开。基金份额持有人大会应当有代表 1/2 以上基金份额的持有人参加，方可召开。重新召集的基金份额持有人大会，应有代表 1/3 以上基金份额的持有人参加，方可召开</td></tr>
<tr><td>决议规则</td><td>基金份额持有人大会就审议事项做出决定，应经参加大会的基金份额持有人所持表决权的 1/2 以上通过；转换基金的运作方式、更换基金管理人或者基金托管人、提前终止基金合同、与其他基金合并，应当经参加大会的基金份额持有人所持表决权的 2/3 以上通过</td></tr>
</table>

【真题回顾】

1. 注册公开募集基金，由拟任基金管理人向中国证监会提交的文件不包括(　　)。

A. 基金宣传推介材料　　B. 招募说明书草案

C. 律师事务所出具的律师意见书　　D. 基金合同草案

【答案】 A

【解析】 本题考核的是基金注册的申请。注册公开募集基金，拟任基金管理人向中国证监会提交下列文件：①申请报告；②基金合同草案；③基金托管协议草案；④招募说明书草案；⑤律师事务所出具的法律意见书；⑥中国证监会规定提交的其他文件。

2. 基金招募说明书中关于“基金管理人报酬”应披露的信息包括(　　)。

Ⅰ. 费率水平　　Ⅱ. 计提方式

Ⅲ. 适用税率　　Ⅳ. 支付方式

A. Ⅰ、Ⅱ　　B. Ⅰ、Ⅱ、Ⅲ、Ⅳ

C. Ⅰ、Ⅱ、Ⅳ　　D. Ⅰ、Ⅱ、Ⅲ

【答案】C

【解析】本题考核的是基金招募说明书的内容。包括：①基金募集申请的准予注册文件名称和注册日期；②基金管理人、基金托管人的基本情况；③基金合同和基金托管协议的内容摘要；④基金份额的发售日期、价格、费用和期限；⑤基金份额的发售方式、发售机构及登记机构名称；⑥出具法律意见书的律师事务所和审计基金财产的会计师事务所的名称和住所；⑦基金管理人、基金托管人报酬及其他有关费用的提取、支付方式与比例等。

3. 下列关于基金募集期限的说法，错误的是(　　)。

A. 超过 6 个月开始募集，原注册的事项未发生实质性变化的，应当报中国证监会备案

B. 基金募集不得超过中国证监会准予注册的基金募集期限

C. 基金募集期限自基金份额发售之日起计算

D. 基金管理人应当自收到准予注册文件之日起 3 个月内进行基金募集

【答案】D

【解析】本题考核的是基金的募集期限。D 选项错误，正确应为基金管理人应当自收到准予注册文件之日起 6 个月内进行基金募集。

4. 下列说法错误的是(　　)。

A. 基金募集失败，基金管理人不需要承担因募集行为而产生的债务和费用，由投资人自己承担

B. 基金管理人依法向中国证监会办理基金备案手续，基金合同生效

C. 基金募集期限届满，不能满足法律规定的条件，无法办理基金备案手续，基金合同不生效

D. 投资人交纳认购的基金份额的款项时，基金合同成立

【答案】A

【解析】本题考核的是募集基金失败时基金管理人的责任。基金募集失败时，基金管理人应以其固有财产承担因募集行为而产生的债务和费用；在基金募集期限届满后 30 日内返还投资人已交纳的款项，并加计银行同期存款利息，A 选项错误。

5. 基金销售适用性管理制度的必要内容不包括(　　)。

A. 对基金销售人员进行审慎调查的方式和方法

B. 对基金产品和基金投资人进行匹配的方法

C. 对基金管理人进行审慎调查的方式和方法

D. 对基金产品进行风险评价的方式和方法

【答案】 A

【解析】 本题考核的是基金销售适用性管理制度的内容。基金销售适用性管理制度中的内容不包括对基金销售人员进行审慎调查的方式和方法，A 选项错误。

6. 基金管理人的基金宣传推介材料应当自向公众分发或发布之日起(　　)个工作日内报主要经营活动所在地中国证监会派出机构备案。

A. 3　　B. 10

C. 5　　D. 20

【答案】 C

【解析】 本题考核的是基金管理人基金宣传推介材料的备案。《证券投资基金销售管理办法》规定，基金管理人的基金宣传推介材料，应当事先经基金管理人负责基金销售业务的高级管理人员和督察长检查，出具合规意见书，并自向公众分发或者发布之日起 5 个工作日内报主要经营活动所在地中国证监会派出机构备案。

7. 基金的宣传推介应当突出(　　)。

A. “投资风险”　　B. “业绩稳健”

C. “尽享牛市”　　D. “有保障、高收益”

【答案】 A

【解析】 本题考核的是基金宣传推介材料的要求。基金宣传推介材料应有明确、醒目的风险提示和警示性文字，用以提醒投资人注意投资风险。

8. 下列关于收取增值费的说法，错误的是(　　)。

A. 提供增值服务和签订服务协议的主体应当是基金销售机构，任何销售人员不得私自收取增值服务费

B. 收取增值费应遵循合理、公开、质价相符的定价原则

C. 基金投资人应当享有自主选择增值服务的权利，选择接受增值服务的基金投资人应当在服务协议上签字确认

D. 增值服务费不单独缴纳，应从申购（认购）资金中扣除

【答案】 D

【解析】 本题考核的是基金销售机构收取增值服务费的要求。提供增值服务和签订服务协议的主体应当是基金销售机构，任何销售人员不得私自收取增值服务费，A 选项正确。遵循合理、公开、质价相符的定价原则，B 选项正确。基金投资人应当享有自主选择增值服务的权利，选择接受增值服务的基金投资人应当在服务协议上签字确认，C 选项正确。增值服务费应当单独缴纳，不应从申购（认购）资金中扣除，D 选项错误。

9. 根据《证券投资基金法》的规定，基金财产不得用于下列(　　)投资活动。

A. 买卖股票　　B. 买卖国债

C. 买卖企业债券　　D. 买卖地产

【答案】 D

【解析】本题考核的是基金财产投资用途。包括：①上市交易的股票、债券；②中国证监会规定的其他证券及其衍生品种。

10. 基金管理人、基金托管人和其他基金信息披露义务人应当依法披露基金信息，并保证所披露信息的(　　)。

A. 真实性、准确性和实用性　　B. 及时性、真实性和效益性

C. 规范性、完整性和及时性　　D. 真实性、准确性和完整性

【答案】D

【解析】本题考核的是基金信息披露的要求。基金管理人、基金托管人和其他基金信息披露义务人应保证披露信息的真实性、准确性和完整性。

11. 公开披露的基金信息不包括(　　)。

A. 证券投资业绩预测

B. 基金资产净值、基金份额净值

C. 基金财产的资产组合季度报告、财务会计报告及中期和年度基金报告

D. 基金招募说明书、基金合同、基金托管协议

【答案】A

【解析】本题考核的是公开披露的基金信息内容。A 选项属于公开披露的基金信息所禁止的行为。

12. 下列关于基金份额持有人大会的说法，错误的是(　　)。

A. 基金份额持有人大会设立日常机构的，由该日常机构召集

B. 基金管理人、基金托管人都不召集的，代表基金份额 10%以上的基金份额持有人有权自行召集，并报国务院证券监督管理机构备案

C. 基金管理人未按规定召集或者不能召集时，由基金托管人召集

D. 代表基金份额 5%以上的基金份额持有人就同一事项有权要求召开基金份额持有人大会

【答案】D

【解析】本题考核的是基金份额持有人大会的召集。D 选项错误，正确为：代表基金份额 10%以上的基金份额持有人就同一事项要求召开基金份额持有人大会。

13. 下列关于基金份额持有人大会的表述，错误的是(　　)。

A. 召开基金份额持有人大会，召集人应当至少提前 30 日公告基金份额持有人大会相关事项

B. 基金份额持有人大会应当有代表 1/2 以上基金份额的持有人参加，方可召开

C. 基金份额持有人大会只能采取现场方式召开

D. 基金份额持有人大会不得就未经公告的事项进行表决

【答案】C

【解析】本题考核的是基金份额持有人大会的召开。召开基金份额持有人大会，召集人应当至少提前 30 日公告基金份额持有人大会的有关事项，A 选项正确。基金份额持有人大会应当有代表 1/2 以上基金份额的持有人参加，方可召开，B 选项正确。基金份额持有人大会可以采取现场方式召开，也可以采取通信等方式召开，C 选项错误。

基金份额持有人大会不得就未经公告的事项进行表决，D 选项正确。

14. 基金份额持有人大会就审议事项做出决定，应当经参加大会的基金份额持有人所持表决权的(　　)以上通过。

A. 3/4　　B. 1/3

C. 2/3　　D. 1/2

【答案】 D

【解析】 本题考核的是基金份额持有人大会的决议规则。基金份额持有人大会就审议事项做出决定，应当经参加大会的基金份额持有人所持表决权的 1/2 以上通过。

【典型习题】

1. 基金招募说明书的内容不包括(　　)。

A. 基金合同和基金托管协议的内容摘要

B. 风险警示内容

C. 基金份额的发售方式

D. 基金募集未达到法定要求的处理方式

2. 基金管理人应当自收到准予注册文件之日起，超过(　　)个月开始募集，原注册的事项未发生实质性变化的，应当报中国证监会备案。

A. 3　　B. 12

C. 6　　D. 36

3. 基金募集失败，基金管理人应在基金募集期限届满后(　　)日内返还投资人已交纳的款项，并加计银行同期存款利息。

A. 10　　B. 15

C. 20　　D. 30

4. 基金财产可用于投资的是(　　)。

A. 承销证券　　B. 上市交易的股票

C. 向基金管理人、基金托管人出资　　D. 从事承担无限责任的投资

5. 下列选项中，属于基金信息披露禁止行为的是(　　)。

A. 基金财产的资产组合季度报告　　B. 基金资产净值

C. 预测证券投资业绩　　D. 基金招募说明书、基金合同

6. 关于基金份额持有人大会的召开，表述错误的是(　　)。

A. 基金份额持有人大会可以采取现场方式召开，也可以采取通信等方式召开

B. 基金份额持有人不得委托代理人出席基金份额持有人大会并行使表决权

C. 基金份额持有人大会应当有代表 1/2 以上基金份额的持有人参加，方可召开

D. 重新召集的基金份额持有人大会应当有代表 1/3 以上基金份额的持有人参加，方可召开

7. 基金管理人超过 6 个月开始募集，原注册的事项发生实质性变化的，应当向(　　)重新提交注册申请。

A. 中国银监会　　B. 中国证券业协会

C. 中国证监会　　　　　　　　D. 中国基金业协会

8. 基金销售机构收取增值服务费的，应遵循的定价原则不包括(　　)。

A. 合理　　　　　　　　B. 公开

C. 质价相符　　　　　　D. 透明

【参考答案】

1. D　2. C　3. D　4. B　5. C　6. B　7. C　8. D

第五节　对非公开募集基金的监管

【教材解读】

考点1　非公开募集基金的基金管理人的登记（表4－20）

表4－20　非公开募集基金的基金管理人的登记

项　目	内　容
申请登记	担任非公开募集基金的基金管理人无须中国证监会审批，实行登记制度，即非公开募集基金的基金管理人只需向基金业协会登记即可，担任非公开募集基金的基金管理人，应当按照规定向基金业协会履行登记手续，报送基本情况。未经登记，任何单位或者个人不得使用“基金”或者“基金管理”字样或者近似名称进行证券投资活动；但法律、行政法规另有规定的除外。 各类私募基金管理人应根据基金业协会《私募投资基金管理人登记和基金备案办法》（试行）的规定，向基金业协会申请登记。应通过私募基金登记备案系统，如实填报基金管理人基本信息、高级管理人员及其他从业人员基本信息、股东或合伙人基本信息、管理基金基本信息。 登记申请材料不完备或不符合规定的，私募基金管理人应根据基金业协会的要求及时补正。申请登记期间，登记事项发生重大变化的，私募基金管理人应当及时告知基金业协会并变更申请登记内容
网站公告	基金业协会应在私募基金管理人登记材料齐备后20个工作日内，通过网站公告私募基金管理人名单及其基本情况的方式，为私募基金管理人办结登记手续。 网站公示的私募基金管理人基本情况，包括：基本信息（私募基金管理人的名称、成立时间、登记时间、住所、联系方式、主要负责人等）和基本诚信信息

考点 2　对非公开募集基金募集行为的监管（表 4－21）

表 4－21　　对非公开募集基金募集行为的监管

监管项目	内　　容
募集对象的限制	根据《证券投资基金法》的规定，非公开募集基金应向合格投资者募集，合格投资者累计不得超过 200 人。如累计人数超过 200 人，则构成公开募集基金。 此处所讲私募基金的合格投资者——具备相应风险识别能力和风险承担能力，投资单只私募基金的金额不低于 100 万元且符合下列标准的单位和个人： （1）净资产不低于 1000 万元的单位； （2）金融资产不低于 300 万元或者最近 3 年个人年均收入不低于 50 万元的个人。 下列投资者视为合格投资者： （1）社会保障基金、企业年金等养老基金，慈善基金等社会公益基金； （2）依法设立并在基金业协会备案的投资计划； （3）投资于所管理私募基金的私募基金管理人及其从业人员； （4）中国证监会规定的其他投资者。 以合伙企业、契约等非法人形式，通过汇集多数投资者的资金直接或者间接投资于私募基金的，私募基金管理人或者私募基金销售机构应当穿透核查最终投资者是否为合格投资者，并合并计算投资者人数。但是，符合上述第（1）、（2）、（4）项规定的投资者投资私募基金的，不再穿透核查最终投资者是否为合格投资者和合并计算投资者人数
推介方式的限制	依据《证券投资基金法》和《私募投资基金监督管理暂行办法》的规定，非公开募集基金不得向合格投资者之外的单位和个人募集资金，不得通过报刊、电台、电视台、互联网等公众传播媒体或者讲座、报告会、分析会和布告、传单、手机短信、微信、博客和电子邮件等方式向不特定对象宣传推介。 依据《私募投资基金监督管理暂行办法》的规定，私募基金管理人、私募基金销售机构不得向投资者承诺投资本金不受损失或者承诺最低收益。私募基金管理人自行销售私募基金的，应采取问卷调查等方式，对投资者的风险识别能力和风险承担能力进行评估，由投资者书面承诺符合合格投资者条件；应当制作风险揭示书，由投资者签字确认。私募基金管理人委托销售机构销售私募基金的，私募基金销售机构应当采取上述规定的评估、确认等措施。投资者风险识别能力和承担能力问卷及风险揭示书的内容与格式指引，由基金业协会按照不同类别私募基金的特点制定。私募基金管理人自行销售或者委托销售机构销售私募基金，应当自行或者委托第三方机构对私募基金进行风险评级，向风险识别能力和风险承担能力相匹配的投资者推介私募基金

续表

监管项目	内　　容
基金合同的必备条款	基金合同，是用于规范基金管理人、基金托管人和基金份额持有人等基金当事人权利义务关系的协议。 基金合同应当包括下列内容：①基金份额持有人、基金管理人、基金托管人的权利、义务；②基金的运作方式；③基金的出资方式、数额和认缴期限；④基金的投资范围、投资策略和投资限制；⑤基金收益分配原则、执行方式；⑥基金承担有关费用；⑦基金信息提供的内容、方式；⑧基金份额的认购、赎回或者转让的程序和方式；⑨基金合同变更、解除和终止的事由、程序；⑩基金财产清算方式；⑪当事人约定的其他事项。 以有限合伙方式组织的，还应载明：①承担无限连带责任的基金份额持有人和其他基金份额持有人的姓名或者名称、住所；②承担无限连带责任的基金份额持有人的除名条件和更换程序；③基金份额持有人增加、退出的条件、程序及相关责任；④承担无限连带责任的基金份额持有人和其他基金份额持有人的转换程序

考点 3　对非公开募集基金运作的监管（表 4—22）

表 4—22　　对非公开募集基金运作的监管

监管项目	内　　容
报送基本信息	根据《私募投资基金监督管理暂行办法》规定，各类私募基金募集完毕，私募基金管理人应当根据基金业协会的规定，办理基金备案手续，报送下列基本信息： （1）主要投资方向及根据主要投资方向注明的基金类别。 （2）基金合同、公司章程或者合伙协议。资金募集过程中向投资者提供基金招募说明书的，应当报送基金招募说明书。以公司、合伙等企业形式设立的私募基金，还应当报送工商登记和营业执照正副本复印件。 （3）采取委托管理方式的，应当报送委托管理协议。委托托管机构托管基金财产的，还应当报送托管协议。 （4）基金业协会规定的其他信息
备案	依据《证券投资基金法》的规定，非公开募集基金募集完毕，基金管理人应当向基金业协会备案。对募集的资金总额或者基金份额持有人的人数达到规定标准的基金，基金业协会应当向中国证监会报告。 基金业协会应当在私募基金备案材料齐备后的 20 个工作日内，通过网站公告私募基金名单及其基本情况的方式，为私募基金办结备案手续

续表

监管项目	内　　容
投资运作行为规范	私募基金管理人、私募基金托管人、私募基金销售机构及其他私募服务机构及其从业人员从事私募基金业务，不得有以下行为：①将其固有财产或者他人财产混同于基金财产从事投资活动；②不公平地对待其管理的不同基金财产；③利用基金财产或者职务之便，为本人或者投资者以外的人牟取利益，进行利益输送；④侵占、挪用基金财产；⑤泄露因职务便利获取的未公开信息，利用该信息从事或者明示、暗示他人从事相关的交易活动；⑥从事损害基金财产和投资者利益的投资活动；⑦玩忽职守，不按照规定履行职责；⑧从事内幕交易、操纵交易价格及其他不正当交易活动；⑨法律、行政法规和中国证监会规定禁止的其他行为
信息披露和报送	（1）信息披露：《私募投资基金监督管理暂行办法》规定，私募基金管理人、私募基金托管人应当按照合同约定，如实向投资者披露基金投资、资产负债、投资收益分配、基金承担的费用和业绩报酬、可能存在的利益冲突情况以及可能影响投资者合法权益的其他重大信息，不得隐瞒或者提供虚假信息。 （2）报送：私募基金管理人应于每个会计年度结束后的 4 个月内，向基金业协会报送经会计师事务所审计的年度财务报告和所管理私募基金年度投资运作基本情况
资料的保存	私募基金管理人、私募基金托管人及私募基金销售机构应当妥善保存私募基金投资决策、交易和投资者适当性管理等方面的记录及其他相关资料，保存期限自基金清算终止之日起不得少于 10 年

【真题回顾】

1. 申请登记期间，登记事项发生重大变化的，私募基金管理人应当及时告知(　　)并变更申请登记内容。

A. 基金业协会　　B. 证监会

C. 银监会　　D. 证券业协会

【答案】 A

【解析】 本题考核的是非公开募集基金的基金管理人的登记。非公开募集基金的基金管理人申请登记期间，如登记事项发生重大变化的，私募基金管理人应及时告知基金业协会并变更申请登记内容。

2. 网站公示的私募基金管理人基本情况不包括(　　)。

A. 过往业绩　　B. 住所、联系方式、主要负责人

C. 基本诚信信息　　D. 名称、成立时间、登记时间

【答案】 A

【解析】 本题考核的是网站公示的私募基金管理人基本情况。包括：私募基金管理

人的名称、成立时间、登记时间、住所、联系方式、主要负责人等基本信息及基本诚信信息。

3. 私募基金的合格投资者需要满足的条件不包括(　　)。

A. 投资于单只私募基金的金额不低于100万元

B. 单位的净资产不低于1000万元

C. 个人的金融资产不低于200万元

D. 最近3年个人年均收入不低于50万元

【答案】 C

【解析】 本题考核的是私募基金合格投资者的条件。私募基金的合格投资者是指投资单只私募基金的金额不低于100万元且符合下列相关标准：①净资产不低于1000万元的单位；②金融资产不低于300万元或者最近3年个人年均收入不低于50万元的个人。

4. 如果非公开募集基金的对象累计人数超过(　　)人，就构成了公开募集基金，应当按照公开募集基金接受监管。

A. 50　　B. 200

C. 100　　D. 500

【答案】 B

【解析】 本题考核的是非公开募集基金的公开发行标准。非公开募集基金的公开发行标准是向不特定对象发行证券或者向特定对象发行证券累计超过200人。如累计人数超过200人，则构成公开募集基金。

5. 下列不属于私募基金合同必备条款的是(　　)。

A. 基金的运作方式

B. 基金收益预测

C. 基金的投资范围、投资策略和投资限制

D. 基金的出资方式、数额和认缴期限

【答案】 B

【解析】 本题考核的是非公开募集基金合同的内容。非公开募集基金合同应包括：①基金份额持有人、基金管理人、基金托管人的权利、义务；②基金的运作方式；③基金的出资方式、数额和认缴期限；④基金的投资范围、投资策略和投资限制；⑤基金收益分配原则、执行方式；⑥基金承担的有关费用；⑦基金信息提供的内容、方式；⑧基金份额的认购、赎回或者转让的程序和方式；⑨基金合同变更、解除和终止的事由、程序；⑩基金财产清算方式；⑪当事人约定的其他事项。

6. 基金业协会应当在私募基金备案材料齐备后的(　　)个工作日内，通过网站公告私募基金名单及其基本情况的方式，为私募基金办结备案手续。

A. 20　　B. 10

C. 15　　D. 7

【答案】 A

【解析】 本题考核的是非公开募集基金的备案时间要求。基金业协会应在私募基金备案材料齐备后的20个工作日内，为私募基金办结备案手续。

【典型习题】

1. 私募基金的合格投资者的金融资产不低于(　　)万元。

A. 50　　B. 80

C. 100　　D. 300

2. 下列属于非公开募集基金合同必备条款的是(　　)。

A. 基金收益分配原则、执行方式　　B. 基金销售机构的权利、义务

C. 基金收益预测　　D. 募集基金的目的和基金名称

3. 私募基金管理人应当于每个会计年度结束后的(　　)个月内，向基金业协会报送经会计师事务所审计的年度财务报告和所管理私募基金年度投资运作基本情况。

A. 2　　B. 3

C. 4　　D. 5

4. 基金业协会应当在私募基金管理人登记材料齐备后的 20 个工作日内，通过(　　)公告私募基金管理人名单及其基本情况的方式，为私募基金管理人办结登记手续。

A. 网站　　B. 报纸

C. 电视　　D. 广播

【参考答案】

1. D　　2. A　　3. C　　4. A

第 5 章 基金职业道德

【知识结构框架】

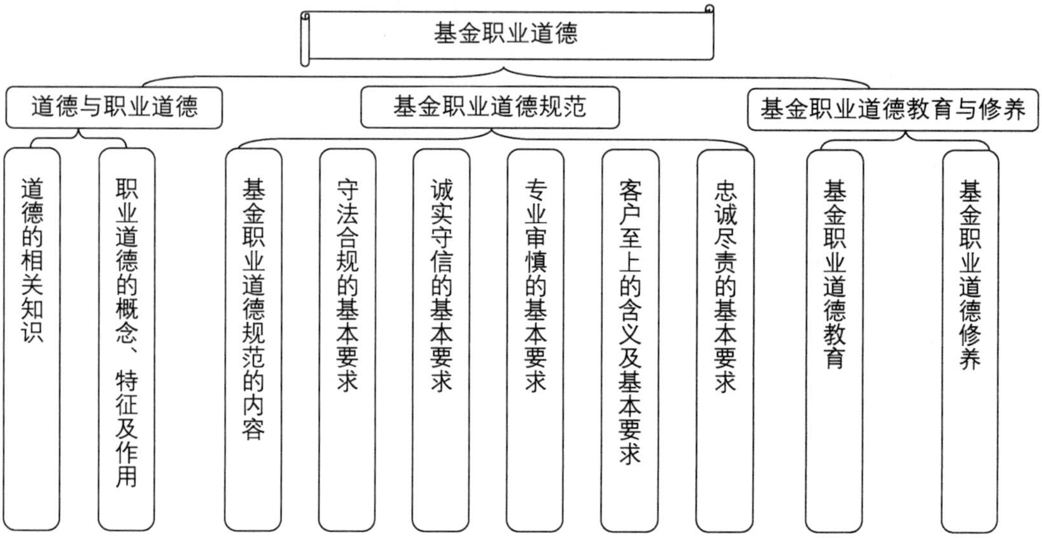

第一节 道德与职业道德

【教材解读】

考点 1 道德的相关知识（表 5－1）

表 5－1　　道德的相关知识

项　　目	内　　容
概念	道德是一种社会意识形态，是由一定的社会经济基础决定并形成的，以是与非、善与恶、美与丑、正义与邪恶、公正与偏私、诚实与虚伪等范畴为评价标准，依靠社会舆论、传统习俗和内心信念等约束力量，实现调整人与人之间、人与社会之间关系的行为规范的总和
特征	（1）差异性：社会经济基础和社会关系的不同，决定了道德的差异性。不同的社会条件下有着不同的社会价值观念和道德标准及与其相适应的道德规范体系。但不排除不同社会的道德之间存在某些共性的可能。 社会道德规范是一个国家所有公民应当遵守的道德规范的总和，包括基本道德规范和一系列特定道德规范。

续表

项　　目		内　　容
特征		（2）继承性：道德随社会经济基础的变化，属意识形态的道德也会发生相应变化。 （3）约束性：对全体社会成员具有约束的作用。 （4）具体性：从表现形式上来讲，道德即行为规范。但行为规范不限于道德，还包括法律、规章、制度等
道德与法律的关系	区别	（1）表现形式不同：法律是由国家制定或认可的一种行为规范；道德是社会认可和人们普遍接受的行为规范，没有特定表现形式。 （2）内容结构不同：法律以权利义务为内容，要求权利义务对等；道德一般只以义务为内容，不要求有对等的权利。 （3）调整范围不同：法律与道德的调整范围存在交叉，原因在于两者的评价标准存在一定的不同。 （4）调整手段不同：法律的实施主要依靠他律，道德主要依靠自律
	联系	（1）目的一致。 （2）内容交叉。 （3）功能互补。 （4）相互促进

考点 2　职业道德的概念、特征及作用（表 5—2）

表 5—2　　职业道德的概念、特征及作用

项　　目	内　　容
概念	职业道德，也称职业道德规范。 职业道德规范，是一般社会道德在职业活动和职业关系中的特殊表现，是与人们的职业行为紧密联系、符合职业特点要求的道德规范的总和
特征	职业道德的特征在于其具有特殊性、继承性、规范性、具体性
作用	调整职业关系、提升职业素质、促进行业发展

【真题回顾】

1. 下列不属于道德特征的是（　　）。

A. 道德具有差异性　　B. 道德具有继承性

C. 道德具有约束性　　D. 道德具有抽象性

【答案】 D

【解析】 本题考核的是道德的特征。道德的特征在于其具有差异性、继承性、约束性、具体性。

2. 下列关于道德差异性的说法，错误的是（　　）。

A. 不同的社会有完全不同的道德

B. 社会经济基础和社会关系的不同决定了道德的差异性

C. 不同的社会条件下有着不同的社会价值观念

D. 社会道德规范包括基本道德规范和一系列特定道德规范

【答案】 A

【解析】 本题考核的是道德的差异性。不同的社会有不同的道德，但是不排除不同社会的道德间存在某些共性的可能，A 选项说法过于绝对，故错误。

3. 下列关于道德和法律区别的表述，错误的是(　　)。

A. 法律是由国家制定或认可的一种行为规范，道德是社会认可和人们普遍接受的行为规范

B. 法律的实施主要依靠他律，而道德的实施主要依靠自律

C. 道德和法律的调整范围没有交叉关系

D. 法律以权利义务为内容，要求权利义务对等；而道德一般只以义务为内容，并不要求有对等的权利

【答案】 C

【解析】 本题考核的是道德和法律的区别。法律是由国家制定或认可的一种行为规范，道德是社会认可和人们普遍接受的行为规范，A 选项正确。法律的实施主要依靠他律，道德的实施主要依靠自律，B 选项正确。法律与道德的调整范围存在交叉，C 选项错误。法律以权利义务为内容，要求权利义务对等；而道德一般只以义务为内容，并不要求有对等的权利，D 选项正确。

4. 下列关于道德和法律关系的说法，不正确的是(　　)。

A. 功能互补　　　　B. 表现形式相同

C. 调整范围不同　　　　D. 都是行为规范

【答案】 B

【解析】 本题考核的是道德和法律的关系。道德与法律的区别在于其表现形式不同，B 选项错误。

5. 职业道德是指(　　)。

A. 从业人员的特定行为规范的总和　　B. 企业上司的指导性要求

C. 从业人员的自我约束　　D. 职业纪律方面的最低要求

【答案】 A

【解析】 本题考核的是职业道德的概念。职业道德是与人们的职业行为紧密联系的符合职业特点要求的道德规范的总和。

【典型习题】

1. 道德与法律的区别不包括(　　)。

A. 表现形式不同　　　　B. 目的不同

C. 调整手段不同　　　　D. 调整范围不同

2. 职业道德的特征不包括(　　)。

A. 特殊性　　　　　　B. 继承性
C. 约束性　　　　　　D. 具体性

3. 法律与道德的调整范围存在交叉，根本原因在于二者的(　　)存在一定的不同。
A. 内容结构　　　　　　B. 调整手段
C. 评价标准　　　　　　D. 表现形式

4. 下列关于道德与法律联系的表述，错误的是(　　)。
A. 道德与法律在内容上是交叉关系
B. 法律对传播道德具有促进作用
C. 道德在调整范围上对法律具有补充作用
D. 法律调整的内容限于道德所调整的范畴

【参考答案】

1. B　　2. C　　3. C　　4. D

第二节　基金职业道德规范

【教材解读】

考点 1　基金职业道德规范的基本要求

包括：守法合规、诚实守信、专业审慎、客户至上、忠诚尽责、保守秘密。

考点 2　守法合规的基本要求（表 5—3）

表 5—3　守法合规的基本要求

基本要求	内　　容
熟悉法律法规等行为规范	熟悉法律法规等行为规范是守法合规的前提。 对于基金机构来讲，守法合规有两方面的含义： (1) 注重培养从业人员的守法合规意识，强化工作流程管理，完善各项规章制度，在机构内部形成守法合规的企业文化； (2) 建立健全重视法律法规等行为规范、学习和运用法律法规等行为规范的各项机制，为从业人员熟悉法律法规等行为规范创造条件
遵守法律法规等行为规范	基金从业人员应按下列要求进行： (1) 严格遵守法律法规等行为规范。当不同效力级别的规范对同一行为均有规定时，应遵守更为严格的规范。 (2) 自觉遵守《自律准则》规定的各类行为规范。 (3) 积极配合基金监管机构的监管。 (4) 负有监督职责的基金从业人员，要忠实履行自己的监督职责，及时发现并制止违法违规行为，防止违法违规行为造成更加严重的后果。 (5) 普通的基金从业人员虽不负有监督职责，但也应监督他人的行为是否符合法律法规的要求。如发现违法违规行为，应及时制止并向上级部门或者监管机构报告

考点3 诚实守信的基本要求（表5—4）

表5—4 诚实守信的基本要求

基本要求	内　容
不得欺诈客户	（1）基金从业人员在宣传、推介和销售基金产品时，应当客观、全面、准确地向投资者推介基金产品、揭示投资风险。 （2）基金从业人员对基金产品的陈述、介绍和宣传，应当与基金合同、招募说明书等相符，不得虚假或误导性陈述或者出现重大遗漏。 （3）基金从业人员在陈述所推介基金或同一基金管理人管理的其他基金的过往业绩时，不得片面夸大过往业绩、预测所推介基金的未来业绩。 （4）基金从业人员不得违规向投资人做出投资不受损失或保证最低收益的承诺等
不得进行内幕交易和操纵市场	（1）基金从业人员不得自己或者促使他人利用内幕信息牟取不正当利益，不得从事或协同他人从事内幕交易或利用未公开信息从事交易活动，不得泄露利用工作便利获取的内幕信息或其他未公开信息，或明示、暗示他人从事内幕交易活动。 （2）基金从业人员不得通过操纵市场牟取不正当利益，不得利用资金优势、持股优势和信息优势，单独或者合谋串通，影响证券交易价格或交易量，误导和干扰市场
不得进行不正当竞争	正当竞争的基础是合法竞争。 基金从业人员不得借助行政手段或其他不合法手段开展业务，不得给客户或承诺给予客户不正当利益

考点4 专业审慎的基本要求（表5—5）

表5—5 专业审慎的基本要求

基本要求	内　容
持证上岗	（1）基金从业人员必须通过基金从业人员资格考试，取得基金从业资格，并经由所在机构向基金业协会申请执业注册后，方可执业。 （2）持证上岗的目的——保证基金从业人员具备必要的执业能力和专业水平。 （3）注册监管——基金从业人员的执业活动处于监管机构的监督之下
持续学习	基金从业人员应当热爱本职工作，努力钻研业务，注重业务实践，积极参加基金业协会和所在机构组织的后续职业培训
审慎开展执业活动	（1）基金从业人员应牢固树立风险控制意识，强化投资风险管理，提高风险管理水平。 （2）基金从业人员应合理分析、判断影响投资分析、建议或行动的重要因素。 （3）基金从业人员应区分投资分析和建议演示中的事实和假设。

续表

基本要求	内　　容
审慎开展执业活动	（4）基金从业人员必须记载和保留适当的记录，以支持投资分析、建议、行动等相关事项。 （5）基金从业人员在向客户推荐或者销售基金时，应充分了解客户的投资需求和投资目标以及客户的财务状况、投资经验、流动性要求和风险承受能力等信息，坚持销售适用性原则，向客户推荐或者销售合适的基金

考点 5　客户至上的含义及基本要求（表 5—6）

表 5—6　　客户至上的含义及基本要求

项　　目		内　　容
含义		客户至上，是调整基金从业人员与投资人之间关系的道德规范。此处所讲“客户”，指投资人，即基金份额持有人
基本要求	客户利益优先	当客户的利益与机构的利益、从业人员个人的利益相冲突时，要优先满足客户的利益。 （1）不得从事与投资人利益相冲突的业务。 （2）应当采取合理的措施避免与投资人发生利益冲突。 （3）在执业过程中遇到自身利益或相关方利益与投资人利益发生冲突时，应以投资人利益优先，并应及时向所在机构报告。 （4）不得侵占或者挪用基金投资人的交易资金和基金份额。 （5）不得在不同基金资产之间、基金资产和其他受托资产之间进行利益输送。 （6）不得在执业活动中为自己或他人牟取不正当利益。 （7）不得利用工作之便向任何机构和个人输送利益，损害基金持有人利益
	公平对待客户	当不同客户之间的利益发生冲突时，要公平对待所有客户的利益

考点 6　忠诚尽责的基本要求（表 5—7）

表 5—7　　忠诚尽责的基本要求

基本要求	内　　容
廉洁公正	（1）不得接受利益相关方的贿赂或对其进行商业贿赂，如接受或赠送礼物、回扣、补偿或报酬等。 （2）不得利用基金财产或者所在机构固有财产为自己或者他人牟取非法利益。 （3）不得利用职务之便或机构的商业机会为自己或者他人牟取非法利益。 （4）不得侵占或者挪用基金财产或者机构固有财产。 （5）不得为迎合客户的不合理要求而损害社会公共利益、所在机构或者他人的合法权益，不得私下接受客户委托买卖证券期货等

续表

基本要求	内　　容
忠诚敬业	（1）基金从业人员应当与所在机构签订正式的劳动合同或其他形式的聘任合同，保证基金从业人员在相应机构对其进行直接管理的条件下从事执业活动。 （2）基金从业人员有义务保护公司财产、信息安全，防止所在机构资产损坏、丢失。 （3）基金从业人员提出辞职时，应按照聘用合同约定的期限提前向公司提出申请，并积极配合有关部门完成工作移交。已提出辞职、尚未完成工作移交的，应认真履行各项义务，不得擅自离岗；已完成工作移交的，应按照聘用合同的规定，履行保密、竞业禁止等义务。 （4）基金从业人员本人、配偶、利害关系人进行证券投资，应当遵守所在机构有关从业人员的证券投资管理制度办理报批或报备手续等

【真题回顾】

1. 下列关于基金销售人员行为的表述，正确的是（　　）。

A. 承诺基金投资收益

B. 通过基金过往业绩预测基金收益

C. 对机构客户提供优先服务

D. 根据投资者风险承受能力选择性推荐基金

【答案】 D

【解析】 本题考核的是基金职业道德规范的内容。A、B 选项违反诚实守信的基本要求，C 选项违反公平对待客户的要求。

2. 某基金公司不负有监督职责的从业人员甲发现本公司销售部门员工乙有商业贿赂行为，甲最佳行为是（　　）。

A. 无需举报违法行为，但如果相关监管部门对此进行调查要予以配合

B. 立即向上级部门或者监管机构报告

C. 应当及时制止并向上级部门或者监管机构报告

D. 无需主动向监管机构提出违法违规线索

【答案】 C

【解析】 本题考核的是守法合规的基本要求。对于普通的基金从业人员，虽不负有监督的职责，但也应当监督他人的行为是否符合法律法规的要求。如发现违法违规的行为，应及时制止并向上级部门或监管机构报告。

3. 基金从业人员在宣传、推介和销售基金产品时，应当客观、全面、准确地向投资者推介基金产品，下列符合基金销售人员行为规范的是（　　）。

A. 承诺或约定利益分成或亏损分担

B. 揭示投资风险

C. 预测所推介基金的未来业绩

D. 提供基金未公开的信息

【答案】 B

【解析】 本题考核的是诚实守信的基本要求。A、C、D 选项均为基金从业人员的禁止行为。

4. 下列关于基金职业道德规范中对基金从业人员专业审慎的基本要求的说法，错误的是(　　)。

A. 持证上岗　　　　B. 具有本科以上学历

C. 持续学习　　　　D. 审慎开展执业活动

【答案】 B

【解析】 本题考核的是专业审慎的基本要求。对于基金从业人员的基本要求，专业审慎体现在：持证上岗、持续学习、审慎开展执业活动。

5. 某基金交易员卖出某股票时操作失误，直接导致该股票成交价格大幅波动并造成基金财产损失。事后，被监管机构出具警示函。原因是该基金投资管理人员违反了(　　)的规定。

Ⅰ. 应当专业审慎、勤勉尽责

Ⅱ. 应当强化投资风险管理，提高风险管理水平，审慎开展投资活动

Ⅲ. 不得从事内幕交易、操纵证券交易价格及其他不正当的证券交易活动

A. Ⅱ、Ⅲ　　　　B. Ⅰ、Ⅱ

C. Ⅰ、Ⅲ　　　　D. Ⅰ、Ⅱ、Ⅲ

【答案】 B

【解析】 本题考核的是专业审慎的要求。基金从业人员要审慎开展执业活动，树立风险控制意识，强化投资风险管理，提高风险管理水平。

6. 甲是某基金管理公司的基金经理，管理多只基金。甲的哥哥大量购买了甲所管理的某一只基金。在一家被看好的公司增发新股时，因为出现超额认购的情况，甲为了避免利益冲突，并没有将其哥哥购买的那只基金投资于该新股，而用其管理的其他基金投资。甲的做法不符合(　　)。

A. 公平对待客户的要求　　　　B. 保守秘密的要求

C. 专业审慎的要求　　　　D. 基金份额持有人优先的要求

【答案】 A

【解析】 本题考核的是客户至上的含义。客户至上有两点基本含义：①客户利益优先。②公平对待客户。公平对待客户是指当不同客户之间利益发生冲突时，要公平对待所有客户的利益，明显甲违反了这一要求。

7. 某基金管理公司员工在向公司提出离职申请后，即不再来公司上班了，对该行为表述错误的是(　　)。

A. 已提出辞职但尚未完成工作移交的从业人员，应认真履行各项义务，不得擅自离岗

B. 该员工应当按照聘用合同约定的期限提前向公司提出申请

C. 该员工的做法并未不妥，不牵涉到违反职业道德

D. 该员工违反了忠诚尽责的职业道德要求

【答案】 C

【解析】 本题考核的是忠诚敬业的要求。基金从业人员提出辞职时，应按照聘用合同约定的期限提前向公司提出申请，并积极配合有关部门完成工作移交。已提出辞职但尚未完成工作移交的，该从业人员应认真履行各项义务，不得擅自离岗。

【典型习题】

1. 某基金公司的普通从业人员甲，发现本公司销售部门员工乙存在商业贿赂行为，下列行为中，甲的正确做法是(　　)。

A. 及时制止并向上级部门或者监管机构报告

B. 立即向上级部门或者监管机构报告

C. 无需举报违法行为，如相关监管部门对此进行调查要予以配合

D. 无需主动向监管机构提出违法违规线索

2. 在忠诚敬业方面，基金从业人员应当做到(　　)。

A. 不得利用职务之便或者机构的商业机会为自己或者他人牟取非法利益

B. 不得侵占或者挪用基金财产或者机构固有财产

C. 抵制来自于上级、同事、亲友等各种关系因素的不当干扰，坚持原则，独立自主

D. 有义务保护公司财产、信息安全，防止所在机构资产损坏、丢失

3. 基金职业道德规范的要求不包括(　　)。

A. 守法合规　　B. 公开透明

C. 客户至上　　D. 诚实守信

4. 基金销售人员在宣传销售基金产品时，下列符合基金销售人员行为规范的是(　　)。

A. 保证最低收益

B. 在陈述所推介基金或同一基金管理人管理的其他基金的过往业绩时，应客观、全面、准确，并提供业绩信息的原始出处

C. 预测所推介基金的未来业绩

D. 作出投资不受损失的承诺

【参考答案】

1. A　　2. D　　3. B　　4. B

第三节　基金职业道德教育与修养

【教材解读】

考点 1　基金职业道德教育（表 5—8）

表 5—8　　**基金职业道德教育**

项目		内容
基金职业道德教育的内容		包括：培养基金职业道德观念、灌输基金职业道德规范。 基金职业道德规范的主要内容是守法合规、诚实守信、专业胜任、客户至上、忠实勤勉、保守秘密等。这是基金职业道德教育的核心内容，贯穿于基金职业道德教育的始终。 基金职业道德规范教育的作用在于：将职业道德规范灌输到基金从业人员的意识之中，引导基金从业人员能够依据具体的职业道德规范实行自我监督、自我评价和自我行为调整。自觉遵循基金职业道德规范从事基金活动，是基金从业人员正常发挥职业能力和职业作用的基本保障，也是基金从业人员维护其职业形象和职业信用的关键因素
途径	岗前职业道德教育	主要通过职业资格考试督促
	岗位职业道德教育	主要通过在职培训的方式
	基金业协会的自律	基金业协会是基金行业的自律性组织。 政府监管机构是在法律法规的层面对基金从业人员的执业活动进行监管，基金业协会更侧重在职业道德的层面对基金从业人员的执业活动进行监管
	树立基金职业道德典型	宣传正面典型与剖析反面典型相结合
	社会各界持续监督	基金职业道德教育成果的检验环节

考点 2　基金职业道德修养（表 5—9）

表 5—9　　**基金职业道德修养**

项目	内容
含义	职业道德修养是一种自律行为，关键在于“自我”的意愿和努力。任何一个从业人员职业道德素质的提高，都需要依赖他律、自我修养，两者缺一不可，后者更加重要
方法	正确树立基金职业道德观念、深刻领会基金职业道德规范、积极参加基金职业道德实践

【真题回顾】

1. 与政府监管机构相比，基金业协会更侧重在(　　)的层面对基金从业人员的执业活动进行监管。

A. 内幕信息　　B. 法律法规

C. 职业道德　　D. 执业规范

【答案】 C

【解析】 本题考核的是基金业协会的自律。基金业协会更侧重在职业道德的层面对基金从业人员的执业活动进行监管。

2. 任何一个从业人员职业道德素质的提高都要依赖于(　　)。

A. 他律　　B. 自我修养

C. 他律和自我修养　　D. 天生的品性

【答案】 C

【解析】 本题考核的是基金职业道德修养的特点。任何一个从业人员职业道德素质的提高，都依赖于他律和自我修养，缺一不可。

【典型习题】

1. 基金职业道德教育的途径不包括(　　)。

A. 岗前职业道德教育　　B. 岗位职业道德教育

C. 基金业协会的他律　　D. 社会各界持续监督

2. 基金职业道德修养的方法不包括(　　)。

A. 正确树立基金职业道德观念

B. 灌输基金职业道德观念

C. 深刻领会基金职业道德规范

D. 积极参加基金职业道德实践

【参考答案】

1. C　　2. B

第 6 章　基金的募集、交易与登记

【知识结构框架】

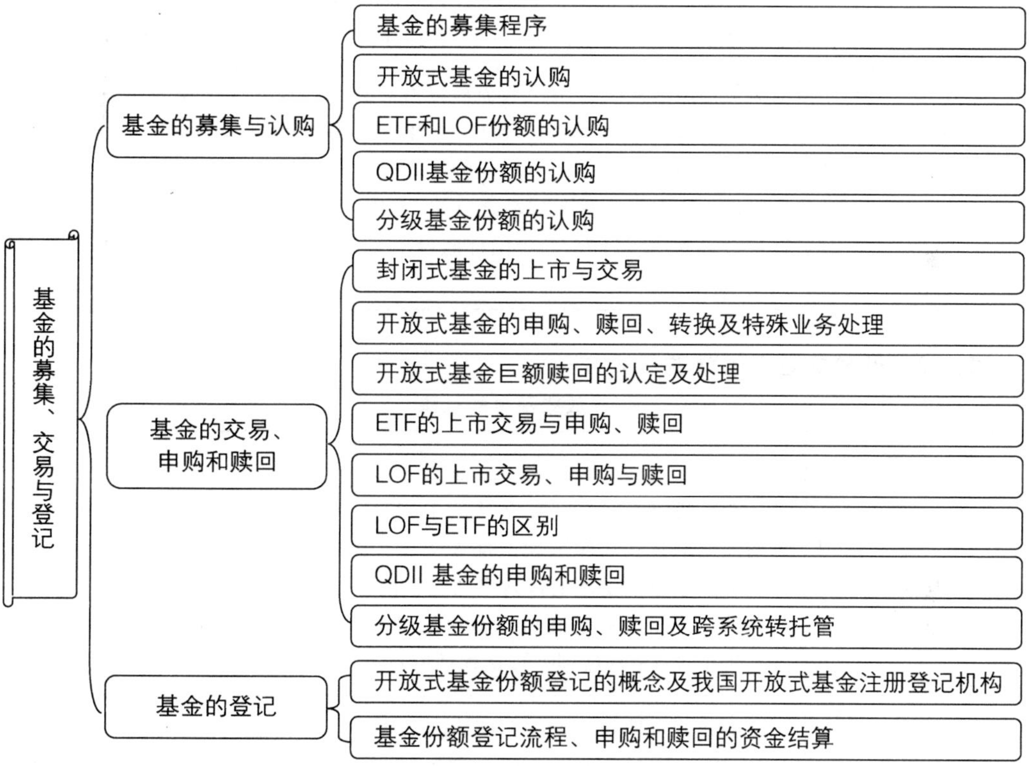

第一节　基金的募集与认购

【教材解读】

考点 1　基金的募集程序（表 6—1）

表 6—1　　**基金的募集程序**

序号	步骤	内　容
1	申请	提交主要文件，包括：基金募集申请报告、基金合同草案、基金托管协议草案、招募说明书草案、律师事务所出具的法律意见书等。 申请期间申请材料涉及的事项发生重大变化的，基金管理人应当自变化发生之日起 5 个工作日内向中国证监会提交更新材料

续表

序号	步骤	内　　容
2	注册	中国证监会应自受理基金募集申请之日起 6 月内做出注册或者不予注册的决定。 简易程序：常规基金产品，注册审查时间原则上不超过 20 个工作日。 普通程序：对其他产品，注册审查时间不超过 6 个月。分级基金及中国证监会认定的其他特殊产品暂不实行简易程序
3	发售	基金管理人应自收到核准文件之日起 6 个月内进行基金份额的发售。 基金的募集期限自基金份额发售之日起计算，一般不得超过 3 个月
4	基金合同生效	基金募集期限届满，封闭式基金募集份额总额达到核准规模的 80%以上，且基金份额持有人人数达到 200 人以上；开放式基金募集份额总额不少于 2 亿份，基金募集金额不少于 2 亿元，基金份额持有人人数不少于 200 人。 基金管理人应自募集期限届满之日起 10 日内聘请法定验资机构验资。自收到验资报告之日起 10 日内，向中国证监会提交备案申请和验资报告，办理基金备案手续

考点 2　开放式基金的认购（表 6—2）

表 6—2　　**开放式基金的认购**

项　　目	内　　容
步骤	认购：投资人在办理基金认购申请时，须填写认购申请表，并需按销售机构规定的方式全额缴款。投资者在募集期内可多次认购基金份额。一般情况下，已正式受理的认购申请不得撤销。 确认：以注册登记机构的确认结果为准。投资者 T 日提交认购申请后，一般可于 T+2 日后到办理认购的网点查询认购申请的受理情况
认购方式	金额认购：即投资者在办理认购申请时，不是直接以认购数量提出申请，而是以金额申请。基金注册登记机构在基金认购结束后，再按基金份额的认购价格，将申请认购基金的金额换算为投资者应得的基金份额
认购费率	目前，我国股票型基金的认购费率一般按照认购金额设置不同的费率标准，最高一般不超过 1.5%，债券型基金的认购费率通常在 1%以下，货币型基金一般认购费率为 0
认购费用与认购份额的计算	基金认购费用将统一按净认购金额为基础收取。 净认购金额： $净认购金额=\frac{认购金额}{1+认购费率}$ $认购费用=认购金额-净认购金额$ （注：适用固定金额认购费的认购，认购费用=固定认购费金额） $认购份额=\frac{净认购金额+认购利息}{基金份额面值}$

考点 3　ETF 和 LOF 份额的认购（表 6—3）

表 6—3　ETF 和 LOF 份额的认购

项目	ETF 份额	LOF 份额
认购方式	现金认购（场内、场外）。 证券认购	目前，我国只有深圳证券交易所开办 LOF 业务。 场外认购：注册登记在中国证券登记结算有限责任公司的开放式基金注册登记系统。 场内认购：注册登记在中国证券登记结算有限责任公司的证券登记结算系统
认购渠道	场内现金认购：通过基金管理人指定的基金发售代理机构以现金方式参与证券交易所网上定价发售。 场外现金认购：通过基金管理人及其指定的发售代理机构以现金进行认购。 证券认购：通过基金管理人及其指定的发售代理机构对指定的证券进行认购	场内认购：基金代销业务资格的证券经营机构营业部。 场外认购：基金管理人及其代销机构的营业网点
开户	场内现金认购：沪、深证券账户。 场外现金认购：开放式基金账户或沪、深证券账户。 证券认购：沪、深 A 股证券账户	场内认购：深圳证交所人民币普通证券账户或证券投资基金账户。 场外认购：中国证券登记结算有限责任公司深圳证交所开放式基金账户

考点 4　QDII 基金份额的认购（表 6—4）

表 6—4　QDII 基金份额的认购

项　目	内　容
认购程序	开户→认购→确认
认购渠道	基金管理人、代销机构办理基金发售业务的营业场所或按基金管理人、代销机构提供
认购特点	（1）基金管理人必须具备合格境内机构投资者资格和经营外汇业务资格，可根据产品特点确定 QDII 基金份额面值的大小。 （2）除可用人民币认购外，也可用美元或其他外汇货币为计价货币认购

考点5　分级基金份额的认购（表6—5）

表6—5　分级基金份额的认购

项目		内容
募集方式		合并募集、分开募集
认购方式及渠道	场外认购	具有基金销售业务资格的证券经营机构营业部、基金管理人及其销售机构的营业网点
	场内认购	深圳证券交易所

【真题回顾】

1. 基金的募集一般要经过(　　)四个步骤。

A. 申请、注册、发售、基金验资

B. 申请、审批、注册、基金验资

C. 申请、审批、发售、基金合同生效

D. 申请、注册、发售、基金合同生效

【答案】 D

【解析】 本题考核的是基金募集程序。基金募集的程序：申请→注册→发售→基金合同生效。

2. 申请募集基金应提交的主要文件不包括(　　)。

A. 招募说明书正式文本　　B. 基金合同草案

C. 律师事务所出具的法律意见书　　D. 基金募集申请报告

【答案】 A

【解析】 本题考核的是申请募集基金应提交的文件。申请募集基金应提交的主要文件有：基金募集申请报告、基金合同草案、基金托管协议草案、招募说明书草案、律师事务所出具的法律意见书等。

3. 开放式基金合同生效需满足的条件是(　　)。

A. 募集份额总额不少于2亿份，基金募集金额不少于2亿元

B. 募集份额总额不少于1亿份，基金募集金额不少于1亿元

C. 募集份额总额不少于5亿份，基金募集金额不少于5亿元

D. 募集份额总额不少于3亿份，基金募集金额不少于3亿元

【答案】 A

【解析】 本题考核的是开放式基金合同生效的条件。基金募集期限届满，募集份额总额不少于2亿份，基金募集金额不少于2亿元，基金份额持有人的人数不少于200人。

4. 封闭式基金的合同生效的条件之一是封闭式基金募集期限届满，基金份额持有人人数达到(　　)人以上。

A. 50　　B. 200

C. 100　　　　D. 300

【答案】B

【解析】本题考核的是封闭式基金合同生效的条件。基金募集期限届满，募集的基金份额总额达到核准规模的 80%以上，且基金份额持有人人数达到 200 人以上。

5. 投资者提交基金认购申请后，一般可于(　　)日后到办理申购的网点查询认购申请的受力情况。

A. T　　　　B. T+2

C. T+1　　　　D. T+3

【答案】B

【解析】本题考核的是开放式基金认购的确认。投资者在 T 日提交认购申请后，一般可在 T+2 日后到办理认购的网点查询认购申请的受理情况。

6. 某投资者投资 10000 元认购基金，认购资金在募集期产生的利息为 3 元，其对应的认购费率为 1.2%，基金份额面值为 1 元，则其认购份额为(　　)份。

A. 9884　　　　B. 9881.42

C. 10000　　　　D. 9884.42

【答案】D

【解析】本题考核的是认购份额的计算。净认购金额＝认购金额÷（1＋认购费率）＝10000÷（1＋1.2%）＝9881.42（元）；认购份额＝（净认购金额＋认购利息）÷基金份额面值＝（9881.42＋3）÷1＝9884.42（份）。

7. 下列关于 ETF 份额认购的说法，正确的是(　　)

A. 只能用现金认购

B. 可以用现金认购，也可用证券认购

C. 只能用证券认购

D. 不能用现金认购，也不能用证券认购

【答案】B

【解析】本题考核的是 ETF 份额的认购。ETF 份额的认购，分为现金认购和证券认购。

【典型习题】

1. 基金募集申请期间申请材料涉及的事项发生重大变化的，基金管理人应当自变化发生之日起(　　)个工作日内向中国证监会提交更新材料。

A. 3　　　　B. 5

C. 7　　　　D. 15

2. 基金的募集程序不包括(　　)。

A. 申请　　　　B. 注册

C. 验资　　　　D. 发售

3. 下列关于基金份额发售的表述，正确的是(　　)。

A. 基金份额的发售，由基金销售机关负责办理

B. 基金募集期间募集的资金应存入专门账户，在基金募集行为结束前，基金监管可以动用

C. 基金的募集期限自基金份额发售之日起计算

D. 募集期限一般不得超过6个月

4. 基金募集期限届满，基金募集失败的，基金管理人应在基金募集期限届满后(　　)日内返还投资者已缴纳的款项，并加计银行同期存款利息。

A. 7　　B. 10

C. 15　　D. 30

5. 某投资者投资6万元认购某开放式基金，认购资金在募集期间产生的利息为5元，认购费率为1.2%，基金份额面值为1元，则其认购费用为(　　)元。

A. 600　　B. 1200

C. 728.74　　D. 711.46

【参考答案】

1. B　2. C　3. C　4. D　5. D

第二节　基金的交易、申购和赎回

【教材解读】

考点1　封闭式基金的上市与交易（表6—6）

表6—6　封闭式基金的上市与交易

项　目	内　容
上市交易条件	（1）基金的募集符合《证券投资基金法》的规定。 （2）基金合同期限为5年以上。 （3）基金募集金额不低于2亿元。 （4）基金份额持有人不少于1000人。 （5）其他
开立交易账户	（1）开立账户：必须开立沪、深证券账户或沪、深基金账户及资金账户。基金账户只能用于基金、国债及其他债券的认购及交易。 （2）个人投资者开立基金账户需持本人身份证到证券登记机构办理开户手续。办理资金账户需持本人身份证和已经办理的股票账户卡或基金账户卡到证券经营机构办理。 （3）每个有效证件只允许开设一个基金账户，已开设证券账户的不能重复开设基金账户。 （4）每位投资者只能开设和使用一个资金账户，并只能对应一个股票账户或基金账户

续表

项　　目	内　　容
交易规则	（1）交易时间：每周一至周五（法定公众节假日除外），每天 9：30～11：30，13：00～15：00。 （2）原则："价格优先、时间优先"。 （3）报价单位：每份基金价格，申报价格最小变动单位为 0.001 元。买入与卖出封闭式基金份额，申报数量应当为 100 份或其整数倍。基金单笔最大数量应当低于 100 万份。 （4）交割时间：实行价格涨跌幅限制，涨跌幅比例为 10%（基金上市首日除外）。我国封闭式基金在达成交易后，二级市场交易份额和股份的交割是在 T+0 日，资金交割是在 T+1 日完成
交易费用	不得高于成交金额的 0.3%，起点 5 元，不足 5 元按 5 元收取。 目前，沪、深证券交易所上市的封闭式基金交易不收取印花税
折（溢）价率	折（溢）价率反映封闭式基金份额净值与其二级市场价格之间的关系。折（溢）价率的计算公式为： $折（溢）价率=\frac{二级市场价格-基金份额净值}{基金份额净值}\times 100\%$ $=\left(\frac{二级市场价格}{基金份额净值}-1\right)\times 100\%$ 当基金二级市场价格高于基金份额净值时，为溢价交易，对应的是溢价率；低于基金份额净值时，为折价交易，对应的是折价率

考点 2　开放式基金的申购、赎回、转换及特殊业务处理（表 6—7）

表 6—7　　开放式基金的申购、赎回、转换及特殊业务处理

项　　目		内　　容
基金认购与基金申购的区别		（1）认购费一般低于申购费。 （2）1 元认购，未知价申购。 （3）认购份额要在基金合同生效时确认，有封闭期；申购份额通常在 T+2日之内确认，确认后的下一工作日即可赎回
开放式基金的申购和赎回原则	股票基金、债券基金	未知价交易原则；金额申购、份额赎回原则
	货币市场基金	确定价原则；金额申购、份额赎回原则

续表

项　目		内　容
申购和赎回的费用	申购费用	前端收费方式：基金管理人可选择根据投资人申购金额分段设置申购费率。 后端收费方式：基金管理人可以选择根据投资人持有期限不同分段设置申购费，持有期低于3年的投资人，不得免收其后端申购费
	赎回费用	赎回费率：场外赎回可按份额在场外的持有时间分段设置；场内赎回为固定赎回费率，不可按份额持有时间分段设置。 赎回费在扣除手续费后，余额不得低于赎回费总额的25%，并应当归入基金财产
申购份额及赎回金额的计算	申购费用及申购份额	$净申购金额=\frac{申购金额}{1+申购费率}$ 申购费用＝申购金额－净申购金额 $申购份额=\frac{净申购金额}{申购当日基金份额净值}$ 当申购费用为固定金额时，申购份额的计算： 净申购金额＝申购金额－固定金额 $申购份额=\frac{净申购金额}{T日基金份额净值}$
	赎回金额	赎回金额＝赎回总额－赎回费用 赎回总额＝赎回数量×赎回日基金份额净值 赎回费用＝赎回总额×赎回费率
申购和赎回登记及款项的支付		申购基金成功后，登记机构会于T＋1日为投资者办理增加权益的登记手续，投资者自T＋2日起有权赎回该部分基金份额
基金份额的转托管		基金持有人可以办理其基金份额在不同销售机构的转托管手续。 T日转托管基金份额成功后，转托管份额于T＋1日到达转入方网点，T＋2日起赎回该部分基金份额

考点3　开放式基金巨额赎回的认定及处理（表6－8）

表6－8　开放式基金巨额赎回的认定及处理

项　目		内　容
认定标准		单个开放日基金净赎回申请超过基金总份额的10%
处理方式	接受全额赎回	当基金管理人认为有能力兑付投资者的全额赎回申请时，按正常赎回程序执行
	部分延期赎回	当基金管理人认为兑付投资者的赎回申请有困难，或认为兑付投资者的赎回申请进行的资产变现可能使基金份额净值发生较大波动时，基金管理人可以在当日接受赎回比例不低于上一日基金总份额10%的前提下，对其余赎回申请延期办理

续表

项　　目	内　　容
备案及信息披露	当发生巨额赎回、部分延期赎回时，基金管理人应立即向中国证监会备案，并在 3 个工作日内在至少 1 种中国证监会指定的信息披露媒体公告。 基金连续 2 个开放日以上发生巨额赎回，如基金管理人认为有必要，可暂停接受赎回申请；已接受的赎回申请可延缓支付赎回款项，不得超过正常支付时间 20 个工作日，并应当在至少 1 种中国证监会指定的信息披露媒体公告

考点 4　ETF 的上市交易与申购、赎回（表 6—9）

表 6—9　ETF 的上市交易与申购、赎回

项　　目		内　　容
份额折算与变更登记	建仓期	不超过 3 个月
	份额折算的变更登记	由基金管理人办理，并由登记结算机构进行基金份额的变更登记
	份额折算的方法	$折算比例=\frac{X/Y}{I/1000}$ （以四舍五入的方法保留小数点后 8 位） 折算后的份额＝原持有份额×折算比例 式中：X——计算当日的基金资产净值； Y——基金份额总额； I——T 日标的指数收盘值
上市交易		（1）上市首日的开盘参考价为前一工作日基金份额净值。 （2）实行价格涨跌幅限制，涨跌幅比例为 10%，自上市首日起实行。 （3）买入申报数量为 100 份或其整数倍，不足 100 份的部分可以卖出。 （4）最小变动单位：0.001 元。 每一交易日开市前需向证券交易所提供当日的申购、赎回清单。证券交易所在开市后根据申购、赎回清单和组合证券内各只证券的实时成交数据，计算并每 15 秒发布 1 次基金份额参考净值（IOPV）
申购与赎回	时间	（1）开始时间：基金份额折算日之后可开始办理申购。自基金合同生效日后不超过 3 个月起开始办理赎回。 基金管理人应于申购开始日和赎回开始日前至少 3 个工作日在至少 1 种证监会指定的信息披露媒体公告。 （2）开放日及开放时间：投资者可办理申购、赎回等业务的开放日为证券交易所的交易日，开放时间为 9：30～11：30 和 13：00～15：00
	数额限制	投资者申购和赎回的基金份额需为最小申购和赎回单位的整数倍。我国 ETF 的最小申购和赎回单位一般为 50 万份或 100 万份

续表

项　　目		内　　容
申购与赎回	原则	（1）场内申购和赎回：采用份额申购、份额赎回的方式，即申购和赎回均以份额申请。场外申购赎回采用金额申购、份额赎回的方式，即申购以金额申请，赎回以份额申请。 （2）场外申购和赎回：ETF 的申购对价和赎回对价包括组合证券、现金替代、现金差 额及其他对价。场外申购赎回 ETF 时，申购对价和赎回对价均为现金。 （3）申购和赎回申请提交后不得撤销
	申购清单和赎回清单	包括：T 日申购清单和赎回清单公告内容包括最小申购、赎回单位所对应的组合证券内各成分证券数据、现金替代、T 日预估现金部分、T－1 日现金差额、基金份额净值及其他相关内容。 （1）现金替代：分为禁止现金替代、可以现金替代和必须现金替代。 （2）现金差额：T 日现金差额在 T＋1 日的申购清单和赎回清单中公告。T 日投资者申购和赎回基金份额时，需按 T＋1 日公告的 T 日现金差额进行资金的清算交收。现金差额的数值可能为正、为负或为零。投资者申购时，如为正数，则投资者应根据其申购的基金份额支付相应的现金；如为负数，则投资者将根据其申购的基金份额获得相应的现金

考点 5　LOF 的上市交易、申购与赎回（表 6－10）

表 6－10　　　　LOF 的上市交易、申购与赎回

项　　目	内　　容
上市交易	LOF 完成登记托管手续后，由基金管理人向深圳证券交易所提交上市申请，申请在交易所挂牌上市。基金上市首日的开盘参考价为上市首日前一交易日的基金份额净值（四舍五入至价格最小变动单位）。 （1）申报数量：100 份或其整数倍，申报价格最小变动单位 0.001 元。 （2）深圳证券交易所对 LOF 交易实行价格涨跌幅限制，涨跌幅比例为 10%，自上市首日起执行。 （3）投资者 T 日卖出基金份额后的资金 T＋1 日即可到账（T 日也可做回转交易），而赎回资金至少 T＋2 日到账
份额的申购和赎回	采取“金额申购、份额赎回”。场内申购申报单位为 1 元，赎回申报单位为 1 份基金份额；场外申购和赎回申报单位由基金管理人在基金招募说明书中载明。 T 日在深圳证券交易所申购的基金份额，自 T＋1 日开始可在深圳证券交易所卖出或赎回；T 日买入的基金份额，T＋1 日可以在深圳证券交易所卖出或者赎回

续表

项　　目	内　　容
份额转托管	投资者将 LOF 份额从证券登记系统转入基金登记系统，自 T+2 日开始，投资者可在转入方代销机构或基金管理人处申报赎回基金份额。 投资者将上市开放式基金份额从 TA 系统转入证券登记系统，自 T+2 日开始，投资者可以通过转入方证券营业部申报在深圳证券交易所卖出或赎回基金份额。 LOF 份额不得办理跨系统转托管的情形： (1) 分红派息前 R－2 日至 R 日（R 日为权益登记日）的 LOF 份额； (2) 处于质押、冻结状态的 LOF 份额。 对于处在募集期内或封闭期内的 LOF 份额进行跨系统转托管虽未明确禁止，但一般均为在封闭期结束后再开通跨系统转托管

考点 6　LOF 与 ETF 的共同点与区别（表 6－11）

表 6－11　　LOF 与 ETF 的共同点与区别

项　　目		内　　容
共同点		LOF 与 ETF 都具备开放式基金可以申购、赎回和场内交易的特点
区别	申购和赎回的标的不同	ETF 与投资者交换的是基金份额与一篮子股票。 LOF 的申购和赎回是基金份额与现金的对价
	申购和赎回的场所不同	ETF 的申购和赎回通过交易所进行。 LOF 的申购和赎回既可在代销网点进行，也可在交易所进行
	申购和赎回限制不同	只有资金在一定规模以上的投资者（基金份额通常要求在 50 万份以上）方可参与 ETF 的申购和赎回交易。 LOF 在申购和赎回上没有特别要求
	基金净值报价频率	在二级市场的净值报价上，ETF 每 15 秒提供 1 个基金参考净值报价；LOF 的净值报价频率要比 ETF 低，通常每 1 天只提供 1 次或几次基金净值报价
	基金投资策略不同	ETF 通常采用完全被动式管理方法，以拟合某一个指数为目标。 LOF 是普通的开放式基金增加了交易所的交易方式，既可以是指数型基金，也可以是主动管理型基金

考点7　QDII基金的申购和赎回（表6—12）

表6—12　QDII基金的申购和赎回

与一般开放式基金的申购和赎回的相同点	渠道	基本相同，投资者可通过基金管理人的直销中心及代销机构的网站进行QDII基金的申购与赎回
	开放时间	证券交易所的交易日（基金管理人公告暂停申购或赎回时除外）为QDII基金申购和赎回开放日。 开放时间：9：30～11：30、13：00～15：00
	原则与程序	申购份额和赎回金额的确定、巨额赎回的处理等，与一般开放式基金类似
与一般开放式基金的申购和赎回的区别	币种	一般情况下，币种为人民币，但在不违反法律法规规定的情况下，接受其他币种的申购和赎回
	申购和赎回登记	QDII基金在赎回申请成功后，基金管理人将在T+10日（包括该日）内支付赎回款项
	拒绝或暂停申购的情形	QDII基金主要投资于海外市场，因此一般开放式基金有所不同

考点8　分级基金份额的申购、赎回及跨系统转托管（表6—13）

表6—13　分级基金份额的申购、赎回及跨系统转托管

项　目	内　容
申购和赎回	分开募集的分级基金，以子代码进行申购和赎回，母基金代码不能进行申购和赎回。 目前我国发行的合并募集的分级基金，只能以母基金代码进行申购和赎回，子基金份额只能上市交易，不能单独进行申购和赎回。 自2012年起，新募集的分级基金要求设定单笔认购/申购的下限： （1）合并募集的，单笔认购/申购金额不得低于5万元； （2）分开募集的，B类份额单笔认购/申购金额不得低于5万元
跨系统转托管	基础份额从基金注册登记系统中的基金份额转托管到证券登记结算系统后，将基础份额拆分为子基金份额后可以在证券交易所卖出。基金份额持有人也可以将登记在证券登记结算系统中的基金份额转托管到基金注册登记系统

【真题回顾】

1. 下列关于封闭式基金的上市交易条件的表述，不正确的是(　　)。

A. 基金合同期限在5年以上

B. 封闭式基金份额总额达到核准规模的80%以上

C. 基金份额持有人不少于 10000 人

D. 基金募集金额不低于 2 亿元

【答案】 C

【解析】 本题考核的是封闭式基金份额上市交易的条件。包括：①基金的募集符合《证券投资基金法》规定；②基金合同期限为 5 年以上；③基金募集金额不低于 2 亿元；④基金份额持有人不少于 1000 人；⑤基金份额上市交易规则规定的其他条件。

2. 下列关于封闭式基金账户的表述，正确的是(　　)。

A. 基金账户只能用于基金认购及交易

B. 基金账户在商业银行办理

C. 基金账户开户在证券登记机构办理

D. 每个有效身份证件可以开立多个基金账户

【答案】 C

【解析】 本题考核的是交易账户的开立。基金账户只能用于基金、国债及其他债券的认购及交易，A 选项错误。个人投资者开立基金账户需持本人身份证到证券登记机构办理开户手续，B 选项错误，C 选项正确。每个有效证件只允许开设一个基金账户，D 选项错误。

3. 我国封闭式基金在达成交易后，二级市场交易份额和股份的交割是在(　　)日，资金交割是在(　　)日完成。

A. T+1；T+1　　B. T+1；T+0

C. T+0；T+0　　D. T+0；T+1

【答案】 D

【解析】 本题考核的是封闭式基金的交易规则。我国封闭式基金在达成交易后，二级市场交易份额和股份的交割是在 T+0 日完成，资金交割是在 T+1 日完成。

4. 下列关于基金认购与基金申购区别的表述，正确的是(　　)。

A. 认购通常是按未知价申请，申购通常按确定价申请

B. 认购份额有封闭期，申购份额确认当日可以赎回

C. 认购份额要在基金合同生效时确认，申购份额通常在 T+2 日之内确认

D. 认购费一般高于申购费

【答案】 C

【解析】 本题考核的是基金认购与基金申购区别。认购是按 1 元进行认购，而申购通常是按未知价确认，A 选项错误。认购份额要在基金合同生效时确认，并且有封闭期；而申购份额通常在 T+2 日之内确认，确认后的下一工作日就可以赎回，B 选项错误，C 选项正确。认购费一般低于申购费，D 选项错误。

5. 下列关于开放式基金申购、赎回原则的表述，正确的是(　　)。

A. 基金实行“金额申购、份额赎回”原则

B. 基金实行“份额申购、金额赎回”原则

C. 基金实行“份额申购、份额赎回”原则

D. 基金实行“金额申购、金额赎回”原则

【答案】 A

【解析】 本题考核的是开放式基金的申购和赎回原则。股票基金、债券基金的申购和赎回原则在于：未知价交易原则，金额申购、份额赎回原则。

6. 假定某投资者在T日赎回1000份基金份额，持有期限半年，对应的赎回费率为0.5%，该日基金份额净值为1.50元，则其获得的赎回金额为(　　)元。

A. 1500　　B. 1493

C. 1495　　D. 1492.5

【答案】 D

【解析】 本题考核的是赎回金额的计算。赎回总额＝赎回数量×赎回日基金份额净值＝1000×1.50＝1500（元）；赎回费用＝赎回总额×赎回费率＝1500×0.5%＝7.5（元）；赎回金额＝赎回总额－赎回费用＝1500－7.5＝1492.5（元）。

7. 假设某投资者在基金募集期内认购了100万份ETF，基金份额折算日的基金资产净值为320亿元，折算日的基金份额总额为310亿份，当日标的指数收盘值为966.45元，则该投资者折算后的份额为(　　)万份。

A. 96.4　　B. 96.8

C. 100　　D. 106.8

【答案】 D

【解析】 本题考核的是ETF基金份额折算的方法折算比例＝（折算日的基金资产净值X/折算日的基金份额总额Y）÷（当日标的指数收盘值I/1000）＝（320/310）÷（966.45/1000）＝1.068；该投资者折算后的基金份额＝原持有份额×折算比率＝100×1.068＝106.8（万份）。

8. 下列关于现金差额相关内容的说法，不正确的是(　　)。

A. T日现金差额在T＋1日的申购清单和赎回清单中公告

B. 现金差额的数值只可能为正

C. T日投资者申购和赎回基金份额时，需按现金差额进行资金的清算交收

D. 投资者申购的现金差额为正，该投资者应根据其申购的基金份额支付相应的现金

【答案】 B

【解析】 本题考核的是现金差额的要求。T日现金差额在T＋1日的申购清单和赎回清单中公告，A选项正确。现金差额的数值可能为正、为负或为零，B选项错误。T日投资者申购和赎回基金份额时，需按T＋1日公告的T日现金差额进行资金的清算交收，C选项正确。投资者申购时，如现金差额为正数，则投资者应根据其申购的基金份额支付相应的现金，D选项正确。

9. 下列关于QDII基金的申购和赎回的表述，错误的是(　　)。

A. 币种为人民币，基金管理人可以接受其他币种的申购和赎回

B. 通过基金管理人的直销中心及代销机构的网站进行

C. 申购和赎回开放日为证券交易所的交易日

D. 基金管理公司在 T+1 日内对申请的有效性进行确认

【答案】 D

【解析】 本题考核的是 QDII 基金的申购和赎回。一般情况下，QDII 基金申购和赎回的币种为人民币，在不违反法律法规规定的情况下，接受其他币种的申购和赎回，A 选项正确。投资者可通过基金管理人的直销中心及代销机构的网站进行 QDII 基金的申购与赎回，B 选项正确。证券交易所的交易日为 QDII 基金申购和赎回开放日，C 选项正确。基金管理公司会在 T+2 日内对该申请的有效性进行确认，D 选项错误。

【典型习题】

1. 封闭式基金份额上市交易的，其基金份额持有人不少于(　　)人。

A. 300　　B. 500

C. 800　　D. 1000

2. 开放式基金合同生效后，可以在基金合同和招募说明书规定的期限内不办理赎回，但该期限最长不超过(　　)个月。

A. 1　　B. 3

C. 6　　D. 8

3. 货币市场基金申购和赎回基金份额价格以(　　)元为基准进行计算。

A. 0.01　　B. 0.001

C. 0.1　　D. 1

4. 假定某投资者在 T 日赎回 2000 份基金份额，持有期限半年，对应的赎回费率为 0.5%，该日基金份额净值为 1.50 元，则其获得的赎回金额为(　　)元。

A. 3000　　B. 1500

C. 2996　　D. 2985

5. 开放式基金单个开放日基金净赎回申请超过基金总份额的(　　)时，为巨额赎回。

A. 5%　　B. 8%

C. 9%　　D. 10%

6. 一般情况下，投资者于 T 日转托管基金份额成功后，投资者可于(　　)起赎回该部分基金份额。

A. T 日　　B. T+1 日

C. T+2 日　　D. T+3 日

7. QDII 基金在 T 日提交的有效申请，投资者应在(　　)日到销售网点柜台或以销售机构规定的其他方式查询申请的确认情况。

A. T 日　　B. T+1 日

C. T+2 日　　D. T+3 日

【参考答案】

1. D　2. B　3. D　4. D　5. D　6. C　7. D

第三节 基金的登记

【教材解读】

考点 1 开放式基金份额登记的概念及我国开放式基金注册登记机构（表 6－14）

表 6－14 开放式基金份额登记的概念及我国开放式基金注册登记机构

项目	内容
开放式基金份额登记的概念	指基金注册登记机构通过设立和维护基金份额持有人名册，确认基金份额持有人持有基金份额事实的行为。 基金份额登记具有确定和变更基金份额持有人及其权利的法律效力，作为保障基金份额持有人合法权益的重要环节
我国开放式基金注册登记机构	其主要职责在于： （1）建立并管理投资者基金份额账户； （2）负责基金份额登记，确认基金交易； （3）发放红利； （4）建立、保管基金投资者名册； （5）基金合同或登记代理协议规定的其他职责

考点 2 基金份额登记流程、申购和赎回的资金结算（表 6－15）

表 6－15 基金份额登记流程、申购和赎回的资金结算

项目	内容
基金份额登记流程	基金份额登记流程，是基金注册登记机构通过基金注册登记系统对基金投资者所投资基金份额及其变动的确认、记账的过程。 其具体流程如下： （1）T 日，投资者的申购和赎回申请信息通过代销机构网点传送至代销机构总部，由代销机构总部将本代销机构的申购和赎回申请信息汇总后，统一传送至注册登记机构。 （2）T＋1 日，注册登记机构根据 T 日各代销机构的申购和赎回申请数据及 T 日的基金份额净值统一进行确认处理，并将确认的基金份额登记至投资者的账户，然后将确认后的申购和赎回数据信息下发至各代销机构，各代销机构再下发至各所属网点。注册登记机构将登记数据发送至基金托管人
申购和赎回的资金结算	基金管理人应自收到投资者的申购（认购）、赎回申请之日起 3 个工作日内，确认该申购（认购）赎回申请的有效性。

续表

项　　目	内　　容
申购和赎回的资金结算	目前，我国境内基金申购款一般在 T+2 日内到达基金的银行存款账户，赎回款一般在 T+3 日内从基金的银行存款账户划出。货币市场基金一般 T+1 日即可从基金的银行存款账户划出，最快可在划出当天到达投资者资金账户

【真题回顾】

1. 开放式基金注册登记机构通过设立和维护(　　)，确认基金份额持有人持有基金份额。

A. 基金份额持有人资金账户　　B. 基金销售机构的销售账户

C. 基金份额持有人名册　　D. 基金管理人的交易账户

【答案】 C

【解析】 本题考核的是开放式基金份额登记的概念。开放式基金份额的登记是指基金注册登记机构通过设立和维护基金份额持有人名册，确认基金份额持有人持有基金份额事实的行为。

2. 基金登记过程实际上是(　　)通过登记系统对基金投资者所投资基金份额及其变动的确认、记账的过程。

A. 基金管理人　　B. 交易所

C. 基金托管人　　D. 注册登记机构

【答案】 D

【解析】 本题考核的是基金份额登记过程的概念。基金份额登记过程是基金注册登记机构通过基金注册登记系统对基金投资者所投资基金份额及其变动的确认、记账的过程。

3. 基金管理人应当自收到投资者的申购（认购）、赎回申请之日起(　　)个工作日内，对该申购（认购）、赎回申请的有效性进行确认。

A. 1　　B. 3

C. 2　　D. 5

【答案】 B

【解析】 本题考核的是申购（认购）赎回申请的有效性确认。基金管理人应自收到投资者的申购（认购）、赎回申请之日起 3 个工作日内进行。

4. 目前，我国境内基金申购款一般在(　　)日内到达基金银行存款账户，赎回款于(　　)日内从基金的银行存款账户划出。

A. T；T+1　　B. T+2；T+3

C. T+1；T+2　　D. T+2；T+4

【答案】 B

【解析】 本题考核的是申购和赎回的资金结算。我国境内基金申购款一般能在 T+

2日内到达基金的银行存款账户，赎回款一般在T+3日内从基金的银行存款账户划出。

【典型习题】

1. 基金注册登记机构的主要职责不包括（　　）。

A. 负责基金资产的投资运作

B. 建立并管理投资者基金份额账户

C. 建立并保管基金投资者名册

D. 发放红利

2. 投资者的申购赎回信息由销售机构总部汇总后，统一传送至（　　）。

A. 中央结算公司　　B. 基金托管人

C. 证券交易所　　D. 注册登记机构

【参考答案】

1. A　　2. D

第 7 章　基金的信息披露

【知识结构框架】

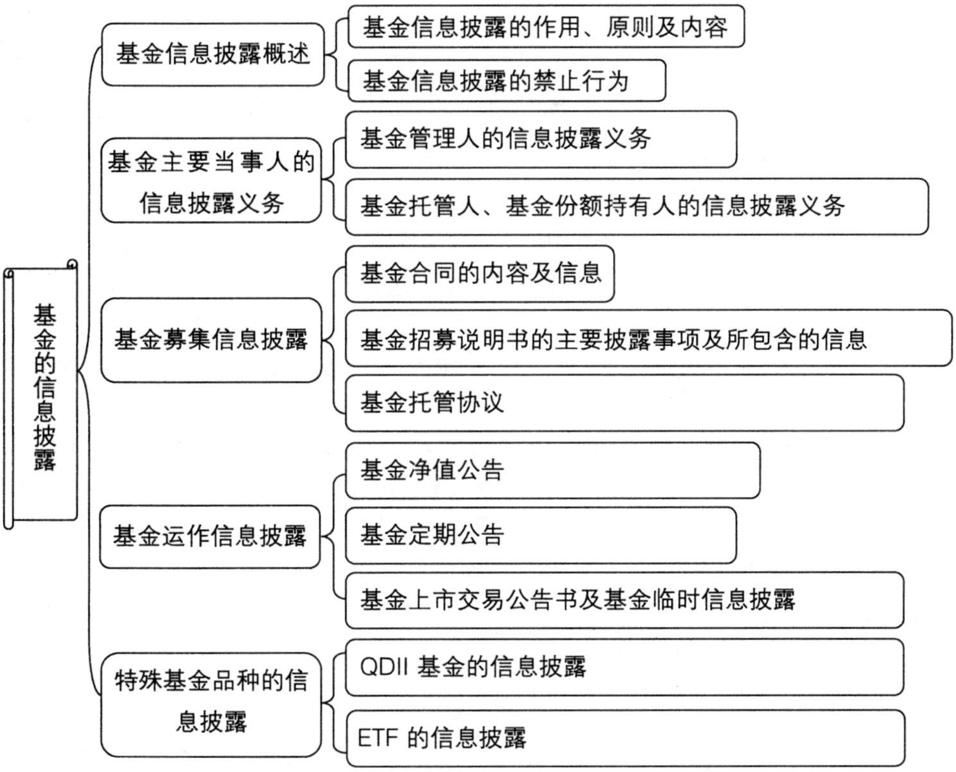

第一节　基金信息披露概述

【教材解读】

考点 1　基金信息披露的作用及原则（表 7—1）

表 7—1　基金信息披露的作用及原则

项　目	内　容
概述	基金信息披露是基金市场上的有关当事人在基金募集、上市交易、投资运作等系列环节中，依照法律法规的规定向社会公众进行的信息披露。 根据强制性信息披露，培育和完善市场运行机制，增强市场参与各方对市场的理解和信心，是世界各国（地区）证券市场监管的普遍做法

续表

项　　目		内　　容
作用		（1）有利于投资者的价值判断。 （2）有利于防止利益冲突与利益输送（相对于实质性审查制度，强制性信息披露的基本推论是投资者在公开信息的基础上“买者自慎”）。 （3）有利于提高证券市场的效率。 （4）有效防止信息滥用
原则	披露内容	包括：真实性原则（最根本、最重要的原则）、准确性原则、完整性原则、及时性原则、公平性原则
	披露形式	包括：规范性原则、易解性原则、易得性原则

考点2　基金信息披露的内容

包括：基金招募说明书；基金合同；基金托管协议；基金份额发售公告；基金募集情况；基金合同生效公告；基金份额上市交易公告书；基金资产净值、基金份额净值；基金份额申购、赎回价格；基金定期报告，包括基金年度报告、基金半年度报告和基金季度报告；临时报告；基金份额持有人大会决议；基金管理人、基金托管人的基金托管部门的重大人事变动；涉及基金管理人、基金财产、基金托管业务的诉讼；澄清公告；中国证监会规定的其他信息。

考点3　基金信息披露的禁止行为（表7—2）

表7—2　　基金信息披露的禁止行为

禁止行为名称	内　　容
虚假记载、误导性陈述或者重大遗漏（严重违法行为）	（1）虚假记载：基金信息披露义务人将不存在的事实在基金信息披露文件中予以记载的行为。 （2）误导性陈述：使投资者对基金投资行为发生错误判断并产生重大影响的陈述。 （3）重大遗漏：披露中存在应披露而未披露的信息
对证券投资业绩进行预测	—
违规承诺收益或者承担损失	管理人可以受托管理基金资产，托管人可以受托保管基金资产，但不可以替代投资者承担基金投资的盈亏
诋毁其他基金管理人、基金托管人或者基金销售机构	—
登载任何自然人、法人或者其他组织的祝贺性、恭维性或推荐性的文字	
中国证监会禁止的其他行为	

【真题回顾】

1. 相对于实质性审查制度，强制性信息披露的基本推论是投资者在公开信息的基础上(　　)。

A. 风险共担　　B. 收益共享

C. 买者自慎　　D. 买者自负

【答案】C

【解析】本题考核的是基金信息披露的作用。与实质性审查制度相比，强制性信息披露的基本推论是投资者在公开信息的基础上“买者自慎”。

2. 基金信息披露最根本、最重要的原则是（　　）。

A. 及时性原则　　B. 准确性原则

C. 完整性原则　　D. 真实性原则

【答案】D

【解析】本题考核的是基金信息披露的原则。基金信息披露最根本、最重要的原则就是真实性原则。

3. 信息披露义务人将不存在的事实在基金信息披露文件中予以记载的行为属于(　　)。

A. 重大遗漏　　B. 不当竞争

C. 虚假记载　　D. 误导性陈述

【答案】C

【解析】本题考核的是虚假记载的定义。信息披露义务人将不存在的事实在基金信息披露文件中予以记载的行为属于虚假记载。

4. 下列不属于基金信息披露禁止行为的是(　　)。

A. 基金信息披露义务人把应予披露的基金信息在中国证监会规定时间内披露

B. 虚假记载、误导性陈述或者重大遗漏

C. 诋毁其他基金管理人、基金托管人或者基金销售机构

D. 对证券投资业绩进行预测

【答案】A

【解析】本题考核的是基金信息披露的禁止行为。B、C、D 选项均属基金信息披露的禁止行为。

【典型习题】

1. 下列关于基金信息披露作用的表述，错误的是(　　)。

A. 有利于投资者的价值判断　　B. 有利于防止利益冲突与利益输送

C. 有效防止信息滥用　　D. 提高政府部门监管的效率

2. 基金信息在披露形式方面应遵循的基本原则不包括(　　)。

A. 及时性原则　　B. 规范性原则

C. 易得性原则　　D. 易解性原则

3. 信息披露义务人使投资者对基金投资行为发生错误判断并产生重大影响的陈述的行为属于(　　)。

A. 重大遗漏　　B. 不当竞争

C. 虚假记载　　D. 误导性陈述

【参考答案】

1. D　2. A　3. D

第二节　基金主要当事人的信息披露义务

【教材解读】

考点1　基金管理人的信息披露义务（表7—3）

表7—3　基金管理人的信息披露义务

义　务	内　容
登载基金合同生效公告	基金合同生效的次日，在指定报刊和管理人网站上登载
公告资产净值和份额净值	封闭式基金至少每周公告1次；开放式基金在开始办理申购或者赎回前，至少每周公告1次。 开放申购赎回后，应在每个开放日的次日披露基金份额净值和份额累计净值。 遇半年末或年末，还应披露半年度和年度最后1个市场交易日的基金资产净值、份额净值和份额累计净值
披露报告全文	每年结束后90日内，在指定报刊上披露年度报告摘要，在管理人网站上披露年度报告全文。 上半年结束后60日内，在指定报刊上披露半年度报告摘要，在管理人网站上披露半年度报告全文。 每季结束后15个工作日内，在指定报刊和管理人网站上披露基金季度报告
临时报告书	发生对基金份额持有人权益或者基金价格有重大影响的事件时，应在2日内编制并披露临时报告书，并分别报中国证监会及地方监管局备案。 封闭式基金应在披露临时报告前，送基金上市的证券交易所审核
公开澄清	当媒体报道或市场流传的消息，可能对基金价格产生误导性影响或引起较大波动时，管理人应在知悉后立即对该消息进行公开澄清
召集基金份额持有人大会	管理人召集基金份额持有人大会的，应至少提前30日公告大会召开时间、会议形式、审议事项、议事程序、表决方式等事项

考点 2　基金托管人、基金份额持有人的信息披露义务（表 7－4）

表 7－4　　基金托管人、基金份额持有人的信息披露义务

当事人	义　务
基金托管人	（1）编制临时公告书：当基金发生涉及托管人及托管业务的重大事件时，应在事件发生之日起 2 日内编制并披露临时公告书，并报中国证监会及地方监管局备案。发生涉及托管人及托管业务的重大事件有： ①基金托管人的专门基金托管部门的负责人变动； ②该部门的主要业务人员在 1 年内变动超过 30%，托管人召集基金份额持有人大会； ③托管人的法定名称或住所发生变更； ④发生涉及托管业务的诉讼； ⑤托管人受到监管部门的调查； ⑥托管人及其托管部门的负责人受到严重行政处罚等。 （2）召集基金份额持有人大会：应至少提前 30 日公告大会的召开时间、会议形式、审议事项、议事程序和表决方式等事项
基金份额持有人	代表基金份额 10%以上的基金份额持有人，就同一事项要求召开持有人大会，基金管理人、基金托管人均不召集时，代表基金份额 10%以上的持有人有权自行召集

【真题回顾】

1. 基金管理人需在基金合同生效的(　　)在指定报刊和管理人网站上登载基金合同生效公告。

A. 当日　　B. 第 3 日

C. 次日　　D. 第 4 日

【答案】 C

【解析】 本题考核的是基金管理人的信息披露义务。基金管理人要在基金合同生效的次日，在指定报刊和管理人网站上登载基金合同生效公告。

2. 开放式基金的开放期，基金管理人应披露基金每个开放日的(　　)。

A. 基金资产净值和基金份额累计净值

B. 基金资产净值和基金份额净值

C. 基金资产总值和基金资产净值

D. 基金份额净值和基金份额累计净值

【答案】 D

【解析】 本题考核的是基金管理人的信息披露义务。开放申购赎回后，基金管理人应在每个开放日的次日披露基金份额净值和份额累计净值。

3. 基金托管人召集基金份额持有人大会应至少提前(　　)日公告大会的召开时间、会议形式、审议事项和表决方式等事项。

A. 10　　B. 45

C. 15　　D. 30

【答案】D

【解析】本题考核的是基金管理人的信息披露义务。管理人召集基金份额持有人大会应至少提前30日公告大会的召开时间、会议形式、审议事项、议事程序和表决方式等事项。

4. 下列事项中，不属于托管人应在事件发生之日起2日内编制并披露临时报告的是（　　）。

A. 托管人受到监管部门的调查

B. 托管人召集持有人大会

C. 发生涉及非托管业务的诉讼

D. 托管部门主要业务人员在1年内变动超过30%

【答案】C

【解析】本题考核的是临时公告书的编制。基金托管人应当在事件发生之日起2日内编制并披露临时公告书的情形包括：①基金托管人的专门基金托管部门的负责人变动；②该部门的主要业务人员在1年内变动超过30%；③托管人召集基金份额持有人大会；④托管人的法定名称或住所发生变更；⑤发生涉及托管业务的诉讼；⑥托管人受到监管部门的调查等。

【典型习题】

1. 封闭式基金至少每周公告（　　）次资产净值和份额净值。

A. 1　　B. 2

C. 3　　D. 4

2. 基金管理人在上半年结束后（　　）日内，在指定报刊上披露半年度报告摘要，在管理人网站上披露半年度报告全文。

A. 90　　B. 30

C. 60　　D. 120

3. 基金份额持有人大会召开后，应将持有人大会决定的事项报（　　）核准或备案，并予公告。

A. 基金业协会　　B. 工商注册所在地中国证监会派出机构

C. 中国证监会　　D. 证券业协会

4. 下列关于基金托管人的信息披露义务的表述，正确的是（　　）。

A. 基金份额发售的3日前，将基金合同、托管协议登载在托管人网站上

B. 基金合同生效的次日，在指定报刊和管理人网站上登载基金合同生效公告

C. 开放式基金在开始办理申购或者赎回前，至少每周公告1次资产净值和份额净值

D. 基金拟在证券交易所上市的，应向交易所提交上市交易公告书等上市申请材料

【参考答案】

1. A　　2. C　　3. C　　4. A

第三节　基金募集信息披露

【教材解读】

考点1　基金合同的内容及信息（表7—5）

表7—5　基金合同的内容及信息

项目		内容
主要内容		包括：①募集基金的目的和基金名称；②基金管理人、基金托管人的名称和住所；③基金运作方式；④封闭式基金的基金份额总额和基金合同期限，或者开放式基金的最低募集份额总额；⑤确定基金份额发售日期、价格和费用的原则；⑥基金份额持有人、基金管理人和基金托管人的权利与义务；⑦基金份额持有人大会召集、议事及表决的程序和规则；⑧基金份额发售、交易、申购、赎回的程序、时间、地点、费用计算方式以及给付赎回款项的时间和方式；⑨基金收益分配原则、执行方式；⑩作为基金管理人、基金托管人报酬的管理费、托管费的提取、支付方式与比例；⑪与基金财产管理、运用有关的其他费用的提取、支付方式；⑫基金财产的投资方向和投资限制；⑬基金资产净值的计算方法和公告方式；⑭基金募集未达到法定要求的处理方式；⑮基金合同解除和终止的事由、程序以及基金财产清算方式；⑯争议解决方式
包含信息	基金投资运作安排和基金份额发售安排	包括：基金运作方式，运作费用，基金发售、交易、申购、赎回的相关安排，基金投资基本要素，基金估值和净值公告等
	特别约定的事项	包括：①基金当事人的权利义务（特别是基金份额持有人的权利）；②基金持有人大会的召集、议事及表决的程序和规则；③基金合同终止的事由、程序及基金财产的清算方式

考点2　基金招募说明书的主要披露事项及所包含的信息（表7—6）

表7—6　基金招募说明书的主要披露事项及所包含的信息

项目	内容
主要披露事项	（1）招募说明书摘要。 （2）基金募集申请的核准文件名称和核准日期。 （3）基金管理人和基金托管人的基本情况。 （4）基金份额的发售日期、价格、费用和期限。

续表

项　目	内　容
主要披露事项	（5）基金份额的发售方式、发售机构及登记机构名称。 （6）基金份额申购和赎回的场所、时间、程序、数额与价格，拒绝或暂停接受申购、暂停赎回或延缓支付、巨额赎回的安排等。 （7）基金的投资目标、投资方向、投资策略、业绩比较基准、投资限制。 （8）基金资产的估值。 （9）基金管理人和基金托管人的报酬及其他基金运作费用的费率水平、收取方式。 （10）基金认购费、申购费、赎回费、转换费的费率水平、计算公式、收取方式。 （11）出具法律意见书的律师事务所和审计基金财产的会计师事务所的名称和住所。 （12）风险警示内容。 （13）基金合同和基金托管协议的内容摘要
重要信息	（1）基金运作方式。 （2）从基金资产中列支的费用的种类、计提标准和方式。 （3）基金份额的发售、交易、申购、赎回的约定，特别是买卖基金费用的相关条款。 （4）基金投资目标、投资范围、投资策略、业绩比较基准、风险收益特征、投资限制等（招募说明书中最为重要的信息）。 （5）基金资产净值的计算方法和公告方式。 （6）基金风险提示（招募说明书封面的显著位置）。 （7）招募说明书摘要（每6个月更新的招募说明书中）

考点3　基金托管协议（表7—7）

表7—7　　基金托管协议

项　目	内　容
概念	基金托管协议是基金管理人和基金托管人所签订的协议。 目的：明确双方在基金财产保管、投资运作、净值计算、收益分配、信息披露及相互监督等事宜中的权利义务及职责，确保基金财产的安全，保护基金份额持有人的合法权益
包含信息	包括： （1）基金管理人和基金托管人之间的相互监督和核查； （2）协议当事人权责约定中事关持有人权益的重要事项

【真题回顾】

1. 公开募集基金的基金合同不包括(　　)。

A. 基金份额的发售方式、发售机构及登记机构名称

B. 基金资产的投资方向和投资限制

C. 基金管理人和基金托管人的名称和住所

D. 基金份额持有人、基金管理人和基金托管人的权利、义务

【答案】A

【解析】本题考核的是公开募集基金的基金合同内容。A 选项属于基金招募说明书的内容。

2. 基金合同所包含的重要信息不包括(　　)。

A. 基金的投资基本要素　　B. 基金的投资方向

C. 基金的运作方向　　D. 基金的持有人结构

【答案】D

【解析】本题考核的是基金合同包含的重要信息。D 选项属于基金年度报告所包含的信息。

3. 下列不属于基金合同特别约定事项的是(　　)。

A. 基金合同终止的事由、程序及基金财产的清算方式

B. 基金当事人的权利义务

C. 基金持有人大会的召集、议事及表决的程序和规则

D. 基金发售、交易、申购、赎回的相关安排

【答案】D

【解析】本题考核的是基金合同特别约定事项。包括：①基金当事人的权利义务；②基金持有人大会的召集、议事及表决的程序和规则；③基金合同终止的事由、程序及基金财产的清算方式。

4. 我国证券投资基金的托管协议是基金管理人与(　　)之间订立的就基金资产保管、资金清算、会计核算等方面达成的协议书。

A. 基金托管人　　B. 基金份额持有人

C. 监管机构　　D. 基金发起人

【答案】A

【解析】本题考核的是基金托管协议的概念。基金托管协议是基金管理人和基金托管人所签订的协议。

【典型习题】

1. 招募说明书的主要披露事项不包括(　　)。

A. 基金资产的估值　　B. 风险警示内容

C. 基金的投资目标　　D. 投资禁止行为

2. 基金招募说明书中最为重要的信息是(　　)。

A. 买卖基金费用的相关条款　　B. 投资范围

C. 基金运作方式　　D. 基金资产净值的计算方法

3. 招募说明书封面的显著位置应作出(　　)。

A. 基金风险提示　　B. 基金运作方式

C. 招募说明书摘要　　D. 基金管理人和基金托管人的基本情况

4. 下列关于基金托管协议的表述，错误的是(　　)。

A. 确保基金财产的安全

B. 保护基金托管人的合法权益

C. 基金托管协议是基金管理人和基金托管人所签订

D. 明确双方在基金财产保管等事宜中的权利义务及职责

5. 招募说明书摘要出现在每(　　)个月更新的招募说明书中。

A. 1　　B. 3

C. 6　　D. 12

【参考答案】

1. D　2. B　3. A　4. B　5. C

第四节　基金运作信息披露

【教材解读】

考点 1　基金净值公告（表 7—8）

表 7—8　基金净值公告

<table>
<tr><th colspan="2">类　型</th><th>内　容</th></tr>
<tr><td colspan="2">普通基金净值公告</td><td>包括：基金资产净值、份额净值和份额累计净值等信息</td></tr>
<tr><td rowspan="2">货币市场基金收益公告和偏离度公告</td><td>货币市场基金收益公告</td><td>包括：封闭期的收益公告、开放日的收益公告和节假日的收益公告</td></tr>
<tr><td>偏离度公告</td><td>(1) 在临时报告中披露偏离度信息。
(2) 在半年度报告和年度报告中披露偏离度信息。
(3) 在投资组合报告中披露偏离度信息</td></tr>
</table>

考点 2　基金定期公告（表 7—9）

表 7—9　基金定期公告

类　型	内　容
基金季度报告	基金管理人应当在每个季度结束之日起 15 个工作日内，编制完成。生效不足 2 个月的，基金管理人可不编制当期季度报告、半年度报告或者年度报告。

续表

类　　型	内　　容
基金季度报告	基金季度报告包括：基金概况、主要财务指标和净值表现、管理人报告、投资组合报告（基金资产组合，按行业分类的股票投资组合，前 10 名股票明细，按券种分类的债券投资组合，前 5 名债券明细，投资贵金属、股指期货、国债期货等）、开放式基金份额变动等
基金半年度报告	基金管理人应当在上半年结束之日起 60 日内，编制完成
基金年度报告	基金管理人应当在每年结束之日起 90 日内，编制完成。 基金年度报告是基金存续期信息披露中信息量最大的文件，内容包括：基金管理人和托管人在年度报告披露中的责任；正文与摘要的披露；关于年度报告中的重要提示；基金财务指标的披露；基金净值表现的披露；基金管理人报告的披露；基金财务会计报告的编制与披露；基金投资组合报告的披露；基金持有人信息的披露；开放式基金份额变动的披露。 （1）基金财务指标的披露：通过将基金净值增长指标与同期基金业绩比较基准收益率进行比较，可了解基金实际运作与基金合同规定基准的差异程度，判断基金的实际投资风格。 （2）基金持有人信息的披露：①上市基金前 10 名持有人的名称、持有份额及占总份额的比例；②持有人结构，包括机构投资者、个人投资者持有的基金份额及占总份额的比例；③持有人户数，户均持有基金份额

考点 3　基金上市交易公告书及基金临时信息披露（表 7—10）

表 7—10　　基金上市交易公告书及基金临时信息披露

名　　称	内　　容
基金上市交易公告书	由基金管理人编制。 主要披露事项包括：基金概况、基金募集情况与上市交易安排、持有人户数、持有人结构及前 10 名持有人、主要当事人介绍、基金合同摘要、基金财务状况、基金投资组合报告、重大事件揭示等
基金临时信息披露	信息披露义务人应当在重大事件发生之日起 2 日内编制并披露临时报告书。 此处所涉及的重大事件包括：基金份额持有人大会的召开，提前终止基金合同，延长基 金合同期限，转换基金运作方式，更换基金管理人或托管人，基金管理人的董事长、总经理及其他高级管理人员、基金经理和基金托管人的基金托管部门负责人发生变动，涉及基金管理人、基金财产、基金托管业务的诉讼，基金份额净值计价错误金额达基金份额净值的 0.5%等

【真题回顾】

1. 季度报告的投资组合报告需要披露季末基金资产组合的(　　)信息。

A. 全部债券明细　　B. 前 10 名股票明细

C. 前 10 名债券明细　　D. 全部股票明细

【答案】 B

【解析】 本题考核的是季度报告中投资组合报告的内容。包括：披露基金资产组合，按行业分类的股票投资组合，前 10 名股票明细，按券种分类的债券投资组合，前 5 名债券明细，投资贵金属、股指期货、国债期货等。

2. 基金存续期信息披露中信息量最大的文件是(　　)。

A. 基金净值公告　　B. 年度报告

C. 中期报告　　D. 投资组合报告

【答案】 B

【解析】 本题考核的是基金年度报告的特点。基金年度报告的特点在于：基金存续期信息披露中信息量最大。

3. 基金年度报告要披露上市基金前(　　)名持有人的名称、持有份额及占总份额的比例。

A. 3　　B. 20

C. 5　　D. 10

【答案】 D

【解析】 本题考核的是基金年度报告披露的持有人信息。包括：上市基金前 10 名持有人的名称、持有份额及占总份额的比例。

4. 基金上市交易公告书的编制主体是(　　)。

A. 基金管理人　　B. 基金托管人

C. 基金管理人与基金托管人　　D. 基金份额持有人

【答案】 A

【解析】 本题考核的是基金上市交易公告书的编制主体。基金上市交易公告书由基金管理人进行编制。

5. 基金上市交易公告书披露的事项不包括(　　)。

A. 募集情况与上市交易安排　　B. 基金合同摘要

C. 基金托管人报告　　D. 基金持有人结构

【答案】 C

【解析】 本题考核的是基金上市交易公告书的主要披露事项。包括：基金概况、基金募集情况与上市交易安排、持有人户数、持有人结构及前 10 名持有人、主要当事人介绍、基金合同摘要、基金财务状况、基金投资组合报告等。

6. 可能对基金持有人权利及基金份额的交易价格产生重大影响的事项不包括(　　)。

A. 基金份额持有人大会的召开

B. 基金管理人或基金托管人变更

C. 开放式基金发生巨额赎回且按期支付赎回款项

D. 延长基金合同期限

【答案】 C

【解析】 本题考核的是基金的重大事件。包括：①基金份额持有人大会的召开；②提前终止基金合同；③延长基金合同期限；④转换基金运作方式；⑤更换基金管理人或托管人等。

【典型习题】

1. 下列不属于披露偏离度信息的文件是(　　)。

A. 普通基金净值公告　　B. 半年度报告

C. 临时报告　　D. 投资组合报告

2. 基金季度报告中不包括(　　)。

A. 主要财务指标　　B. 管理人报告

C. 主要当事人介绍　　D. 投资组合报告

3. 基金年度报告的内容不包括(　　)。

A. 基本概况　　B. 正文与摘要的披露

C. 基金财务指标的披露　　D. 基金管理人报告的披露

4. 披露上市交易公告书的基金品种不包括(　　)。

A. 封闭式基金　　B. 交易型开放式指数基金（ETF）

C. QDII 基金　　D. 上市开放式基金（LOF）

【参考答案】

1. A　2. C　3. A　4. C

第五节　特殊基金品种的信息披露

【教材解读】

考点 1　QDII 基金的信息披露（表 7—11）

表 7—11　QDII 基金的信息披露

项　目	内　容
语言及币种选择	语言：可同时采用中文和英文，并以中文为准。 币种选择：可单独或同时以人民币、美元等主要外汇币种计算，并披露净值信息。涉及币种之间转换的，应披露汇率数据来源，并保持一致性

续表

项目		内容
基金合同、基金招募说明书中的特殊披露要求	境外投资顾问和境外托管人信息	基金管理公司在管理 QDII 基金时，如委托境外投资顾问、境外托管人，应在招募说明书中文披露境外投资顾问和境外托管人的相关信息，包括境外投资顾问和境外托管人的名称、注册地址、办公地址、法定代表人、成立时间，境外投资顾问最近 1 个会计年度资产管理规模，主要负责人教育背景、从业经历、取得的从业资格和专业职称介绍，境外托管人最近 1 个会计年度实收资本、托管资产规模、信用等级等
	投资交易信息	（1）投资金融衍生品：应在基金合同和基金招募说明书中详细说明拟投资的衍生品种及其基本特性，拟采取的组合避险、有效管理策略以及采取的方式、频率。 （2）投资境外基金：应披露基金与境外基金之间的费率安排
	投资境外市场可能产生的风险信息	包括：境外市场风险、政府管制风险、政治风险、流动性风险、信用风险等的定义、特征及可能发生的后果
净值信息的披露频率要求		QDII 基金属于开放式基金。 放开申购、赎回前，一般至少每周披露 1 次资产净值和份额净值；放开申购、赎回后，需披露每个开放日的份额净值和份额累计净值。 基金的净值在估值日后 1～2 个工作日内披露
特殊披露要求	定期报告	境外投资顾问和境外资产托管人信息、境外证券投资信息、外币交易及外币折算相关的信息
	临时公告	当发生变更境外托管人、变更投资顾问、投资顾问主要负责人变动、涉及境外诉讼等重大事件时，应在事件发生后及时披露临时公告，并在更新的招募说明书中予以说明

考点 2　ETF 的信息披露（表 7－12）

表 7－12　ETF 的信息披露

项目	内容
申购清单和赎回清单的披露	基金上市交易之后，需按交易所的要求，在每日开市前披露当日的申购清单和赎回清单，并在交易时间内即时揭示基金份额参考净值。 （1）每日开市前，基金管理人需向证券交易所、证券登记结算机构提供 ETF 的申购清单和赎回清单，并通过基金公司官方网站和证券交易所指定的信息发布渠道予以公告。对当日发布的申购清单和赎回清单，当日不得修改。

续表

项　　目	内　　容
申购清单和赎回清单的披露	申购清单和赎回清单的主要内容包括：最小申购、赎回单位对应的各组合证券名称、证券代码及数量、现金替代标志等。 （2）交易日的基金份额净值除按规定于次日（跨境 ETF 可为次 2 个工作日）在指定报刊和管理人网站披露外，也将通过证券交易所的行情发布系统于次 1 交易日（跨境 ETF 可以为次 2 个工作日）揭示。 （3）交易时间内，证券交易所根据基金管理人提供的基金份额参考净值计算方式、申购和赎回清单中的组合证券等信息，实时计算并公布基金份额参考净值
定期报告	按法规对上市交易指数基金的一般要求进行披露，无特别披露事项

【真题回顾】

1. QDII 基金的净值在(　　)披露。

A. 估值日　　B. 估值后 2～3 个工作日

C. 估值日后 1～2 个工作日　　D. 估值后 3～5 个工作日

【答案】 C

【解析】 本题考核的是 QDII 基金净值披露频率要求。QDII 基金净值在估值日后 1～2 个工作日内披露。

2. ETF 上市交易后，需按交易所的要求，在每日开市前披露当日的申购、赎回清单，并在交易时间内即时揭示(　　)。

A. 申购、赎回清单　　B. 基金份额净值

C. 基金份额参考净值　　D. 基金净资产

【答案】 C

【解析】 本题考核的是 ETF 的信息披露。基金上市交易之后，需按交易所的要求，在每日开市前披露当日申购、赎回清单。

【典型习题】

1. 在 QDII 基金合同、基金招募说明书中特殊披露的内容不包括(　　)。

A. 外币交易及外币折算相关的信息　　B. 境外投资顾问和境外托管人信息

C. 投资境外市场可能产生的风险信息　　D. 投资交易信息

2. QDII 基金临时公告中需特殊披露的内容是(　　)。

A. 权益投资分布情况　　B. 基金投资明细

C. 金融衍生品组合情况　　D. 变更境外托管人

3. QDII 基金定期报告中需特殊披露的内容不包括(　　)。

A. 每个开放日的份额净值和份额累计净值

B. 境外证券投资信息

C. 境外投资顾问和境外资产托管人信息

D. 外币交易及外币折算相关的信息

4. 基金管理人提供 ETF 的申购清单和赎回清单内容不包括（　　）。

A. 最小申购、赎回单位对应的各组合证券名称

B. 基金净资产

C. 证券代码

D. 现金替代标志

【参考答案】

1. A　　2. D　　3. A　　4. B

第 8 章　基金客户和销售机构

【知识结构框架】

- 基金客户和销售机构
  - 基金客户的分类
    - 基金投资人的权利及义务
    - 基金投资人的类型
    - 基金投资人范围的限制
    - 基金投资人构成现状
    - 产品目标客户选择策略
  - 基金销售机构
    - 基金销售机构的概念、主要类型及现状
    - 基金销售机构的职责规范
  - 基金销售机构的销售理论、方式与策略
    - 销售理论——4Ps
    - 销售方式
    - 销售渠道
    - 销售策略

第一节　基金客户的分类

【教材解读】

考点 1　基金投资人的权利及义务（表 8—1）

表 8—1　　**基金投资人的权利及义务**

主　　体	内　　容
基金份额持有人	权利： (1) 分享基金财产收益； (2) 参与分配清算后的剩余基金财产； (3) 依法转让或者申请赎回其持有的基金份额； (4) 按照规定要求召开基金投资者大会； (5) 对基金投资者大会审议事项行使表决权； (6) 查阅或者复制公开披露的基金信息资料；

续表

主　　体	内　　容
基金份额持有人	（7）对基金管理人、基金托管人、基金销售机构损害其合法权益的行为依法提起诉讼等
基金投资者	义务： （1）遵守基金合同； （2）缴纳基金认购款项及规定费用； （3）承担基金亏损或终止的有限责任； （4）不从事任何有损基金及其他基金投资人合法权益的活动； （5）封闭式基金存续期间，不得要求赎回基金份额

考点 2　基金投资人的类型（表 8—2）

表 8—2　　基金投资人的类型

类　　型	内　　容
个人投资者	以自然人身份从事基金买卖的证券投资者
机构投资者	符合法律法规规定的可以投资于证券投资基金的、在中华人民共和国境内合法注册登记并存续或经有关政府部门批准设立并存续的企业法人、事业法人、社会团体或其他组织。 机构投资者多具有较为雄厚的资金实力，在投资决策与资本运作、信息搜集分析、投资工具研究、资金运用方式、大类资产配置等均配备专门部门，由证券投资专家进行管理

考点 3　基金投资人范围的限制（表 8—3）

表 8—3　　基金投资人范围的限制

项　　目		内　　容
投资者的范围	境内投资者	居住在境内或虽居住在境外，但未获得境外所在国家或者地区永久居留签证的中国公民、注册在境内的法人
	境外投资者	外国的法人、自然人，以及中国香港、澳门特别行政区和台湾地区的法人、自然人
基金账户的开立		（1）基金投资者在办理认购、申购业务前，必须先开立基金账户。办理基金开户要求个人投资者年龄为 18～70 周岁、具有完全民事行为能力人，16 周岁以上不满 18 周岁的公民要求提交相关的收入证明方可开户。 （2）境内机构基金投资者：企业需要出示企业营业执照正本或副本原件及加盖单位公章的复印件，事业法人、社会团体或其他组织提供民政部门或主管部门颁发的注册登记证书原件及加盖单位公章的复印件；还需提供法定代表人授权委托书，业务经办人有效身份证件，指定银行交收账户的开户证明原件等。

续表

项　　目	内　　容
基金账户的开立	(3) 境外投资者：一般要求使用境外所在国家或者地区护照或者身份证明，有效商业登记证明文件，有境外其他国家或者地区永久居留签证的中国护照、中国台湾居民来往大陆通行证、中国港澳居民来往内地通行证等

考点 4　基金投资人构成现状

从基金投资者结构特征上看，变化集中在结构个人化、机构多元化。

(1) 结构个人化：基金客户主要由个人投资者和机构投资者组成。

(2) 机构多元化：长期机构投资者（如境内外养老金、住房公积金、保险资金、主权财富基金和政府投资基金等）投资意愿不断增加。

考点 5　产品目标客户选择策略（表 8—4）

表 8—4　产品目标客户选择策略

项　　目	内　　容
明确目标客户市场	明确目标客户市场中，最主要的是对基金销售市场进行市场细分和选择相应的目标市场。 市场细分时，应按下列原则进行：易入原则、可测原则、成长原则、识别原则、利润原则。 其中： (1) 可测原则：能测算细分市场的客户数量、销售规模、购买潜力等量化指标； (2) 利润原则：市场细分后，必须有足够的业务量
客户寻找	寻找潜在客户的方法有：缘故法、介绍法和陌生拜访法

【真题回顾】

基金销售目标客户市场细分的“利润原则”是指(　　)。

A. 基金投资的风险管理能力　　　B. 基金投资获取的利润

C. 细分市场具有足够的业务量　　D. 基金产品的可投资性

【答案】 C

【解析】 本题考核的是市场细分的原则。利润原则指销售机构进行市场细分后，必须有足够的业务量。

【典型习题】

1. (　　)对基金投资者大会审议事项行使表决权。

A. 基金份额持有人　　　B. 基金管理人

C. 基金托管人　　D. 基金销售机构

2. 下列关于基金投资者义务的表述，正确的是(　　)。

A. 召开基金投资者大会

B. 承担基金亏损或终止的有限责任

C. 对基金投资者大会审议事项行使表决权

D. 封闭式基金存续期间，赎回基金份额

3. 下列基金投资者中，不属于机构投资者的是(　　)。

A. 企业法人　　B. 事业法人

C. 社会团体　　D. 自然人

4. 境外投资者不包括(　　)。

A. 中国香港特别行政区的法人

B. 居住在境外但未获得境外所在国家或者地区永久居留签证的中国公民

C. 外国的法人

D. 中国澳门特别行政区的自然人

5. 办理基金开户要求的个人投资者年龄为(　　)周岁，具有完全民事行为能力人。

A. 16～60　　B. 16～65

C. 18～60　　D. 18～70

【参考答案】

1. A　2. B　3. D　4. B　5. D

第二节　基金销售机构

【教材解读】

考点 1　基金销售机构的概念及主要类型（表 8－5）

表 8－5　基金销售机构的概念及主要类型

项目		内容
概念		依法办理开放式基金份额的认购、申购和赎回的基金管理人以及取得基金代销业务资格的其他机构
类型	直销机构	(1) 专门的销售人员直接开发和维护机构客户和高净值个人客户。 (2) 自行开发建立电子商务平台
	代销机构	包括：商业银行（95 家）、证券公司（98 家）、期货公司（2 家）、保险机构（1 家）、证券投资咨询机构（6 家）、独立基金销售机构（38 家）

考点 2　基金销售机构的现状

商业银行和证券公司在过去基金销售格局之中处于绝对强势的地位。2013 年基金公司直销渠道的认购额和申购额累首次超过银行渠道。独立基金销售机构及证券投资咨询机构自运营以来，虽然所占份额较低，处于高速发展的状态。

考点 3　基金销售机构的职责规范（表 8—6）

表 8—6　　基金销售机构的职责规范

要　　求	内　　容
签订销售协议，明确权利与义务	由基金销售机构与基金管理人签订书面销售协议，明确双方的权利及义务。 未经签订书面销售协议，基金销售机构不得办理基金的销售。基金销售机构不得委托其他机构代为办理基金的销售业务
制定业务规则并监督实施	由基金管理人制定
建立相关制度	（1）基金销售业务制度和销售人员的持续培训制度。 （2）基金份额持有人账户和资金账户管理制度。 （3）基金份额持有人资金的存取程序和授权审批制度。 （4）档案管理制度：客户身份资料自业务关系结束当年起至少保存 15 年，与销售业务有关的其他资料自业务发生当年起至少保存 15 年
禁止提前发行	基金募集申请获得中国证监会核准前，基金管理人、基金销售机构不得办理基金的销售业务，不得向公众分发、公布基金宣传推介材料或发售基金份额
严格账户管理	（1）涉及基金销售结算专用账户开立、使用、监督的机构，不得将基金销售结算资金归入其自有财产。 （2）禁止任何单位或个人以任何形式挪用基金销售结算资金。 （3）相关机构破产或清算时，基金销售结算资金不属于其破产或清算财产。 （4）基金销售机构、基金销售支付结算机构、基金注册登记机构可在具备基金销售业务资格的商业银行或从事客户交易结算资金存管的指定商业银行开立基金销售结算专用账户
反洗钱	（1）基金销售机构为客户开立基金账户时，应当按照反洗钱相关法律法规的规定进行客户身份识别，并在此基础上对客户的洗钱风险进行等级划分。 （2）基金销售机构在进行客户风险等级划分时，应综合考虑客户身份、地域、行业或职业、交易特征等因素。 （3）监测客户现金收支或款项划转情况，符合大额交易标准的，在该大额交易发生后 5 个工作日内，向中国反洗钱监测分析中心报告

【真题回顾】

1. 下列关于基金销售机构的职责规范的说法，错误的是(　　)。

A. 基金销售机构在进行客户风险等级划分时，应综合考虑客户身份、地域、行业或职业、交易特征等因素

B. 客户身份资料自业务关系结束当年起至少保存 15 年

C. 基金募集申请获得中国证监会核准前，不得向公众公布基金宣传推介材料

D. 基金销售机构与基金管理人签订的书面销售协议，不应当包括基金销售信息交换及资金交收权利与义务

【答案】 D

【解析】 本题考核的是基金销售机构职责规范的要求。D选项错误在于：基金销售机构办理基金的销售业务，应当由基金销售机构与基金管理人签订书面销售协议，明确双方的权利及义务。

2. 基金销售机构办理基金销售业务，应当由基金销售机构与(　　)签订书面销售协议，明确双方的权利和义务。

A. 基金客户　　B. 基金托管人

C. 基金管理人　　D. 监管机构

【答案】 C

【解析】 本题考核的是销售协议的签订主体。基金销售机构办理基金的销售业务，应当由基金销售机构与基金管理人签订书面销售协议，明确双方的权利及义务。

3. 下列关于基金销售结算资金的说法，错误的是(　　)。

A. 相关机构破产或清算时，其属于破产或清算财产

B. 是基金投资人结算账户与基金托管账户之间划转的基金申购（认购）、赎回、现金分红等资金

C. 由基金销售机构、基金销售支付结算机构或基金注册登记机构归集

D. 禁止挪用

【答案】 A

【解析】 本题考核的是基金销售结算资金的相关内容。相关机构破产或清算时，基金销售结算资金不属于其破产或清算财产，A选项错误。

【典型习题】

1. 基金销售机构的职责不包括(　　)。

A. 基金份额的募集　　B. 基金份额的认购

C. 基金份额的申购　　D. 基金份额的赎回

2. 下列不属于基金代销机构的是(　　)。

A. 商业银行　　B. 保险机构

C. 证券投资咨询机构　　D. 基金销售公司

3. 具有基金销售核准资质的商业银行有(　　)家。

A. 47　　B. 18

C. 95　　D. 98

4. 关于基金销售结算专用账户管理的表述，错误的是(　　)。

A. 涉及基金销售结算专用账户开立、使用、监督的机构不得将基金销售结算资金归入其自有财产

B. 相关机构破产或清算时，基金销售结算资金不属于其破产或清算财产

C. 基金销售结算资金是基金投资人的交易结算资金

D. 基金销售机构、基金销售支付结算机构、基金注册登记机构不得在从事客户交易结算资金存管的指定商业银行开立基金销售结算专用账户

【参考答案】

1. A　　2. D　　3. C　　4. D

第三节　基金销售机构的销售理论、方式与策略

【教材解读】

考点 1　销售理论——4Ps（表 8—7）

表 8—7　　销售理论——4Ps

要　　求	内　　容
指导理论	4Ps（产品价格、价格、渠道、促销）营销理论。 此处所讲的 4Ps 营销理论是在传统 4Ps 营销理论基础上，将价格要素换成人员要素
特殊性	（1）规范性。 （2）服务性。基金作为一种金融产品，其产品品质体现为基金的未来收益和营销人员的持续服务。 （3）专业性：基金销售对营销人员的专业水平有更高的要求。 （4）持续性。 （5）适用性：根据投资者的风险承受能力销售不同风险等级的产品，运用 4Ps 理论时需特别注意

考点 2　销售方式（表 8—8）

表 8—8　　销售方式

特点	销售方式	
	直销	代销
基金产品	仅销售一家基金公司的产品	同时销售多家基金公司的产品
销售人员	通过基金公司直属的销售队伍进行基金销售，专业性强	通过其销售队伍进行基金销售，对基金的专业知识、产品特性等方面的掌握程度要求比直销团队低
销售网络	通过基金公司的分支机构网点铺开，数量有限，推广效果有限	营业网点数量众多，受众范围广

续表

特点	销售方式	
	直销	代销
客户关系	对客户控制力较强，更容易发现产品和服务方面的不足，易于建立双向持久的联系，提高忠诚度	有广泛的客户基础，和客户有全面的业务联系，可以提供多样化的客户服务
营销成本	基金公司承担固定成本，针对特定目标客户可以大幅降低营销成本	基金公司对渠道的竞争提高了代销成本

考点 3　销售渠道（表 8—9）

表 8—9　　销售渠道

销售渠道	特点	
	优点	缺点
基金公司直销	购买费率上通常低于传统代销渠道	受限于政策和运营，只能销售自己的产品，客户如通过直销渠道购买多家公司产品，则需要开立多个账户，不便管理，且由于基金公司产品相对单一，较难给客户全面的配置建议
银行代销	对客户来说，银行最有安全感和信赖感；有相对全面的基金产品和其他金融产品供选择；网点众多，便于传统客户进行实地交易和咨询；客户经理制度日渐完善，较多考虑客户的利益	基金业务只是银行中间业务的一部分，银行客户经理还需负责储蓄、贷款、保险等多种销售任务，难以专注基金销售
证券公司代销	证券公司经纪业务营业部是传统股票投资者转为基金投资者时的首选；网点较多，便于传统客户进行交易买卖；客户经理专业水平相对较高，服务较好	证券公司的主营业务是股票经纪，在一定程度上缺乏推动股票经纪客户向基金投资者转化的动力
独立第三方销售公司	客户可得到相对客观的信息和投资建议及优质服务	发起人或主要管理人来源多样，对行业的理解和把握能力差别大
互联网金融渠道	可借用网络平台为基金公司带来丰富的客户资源，能在短时期内形成规模效应；投资便利度高、产品投资门槛低、附加功能丰富	存在政策、技术等多重风险，且品种多为货币基金，较为单一；在销售专业度上与传统机构存在一定差距

考点 4　销售策略（表 8—10）

表 8—10　销售策略

名　称	内　容
产品策略	我国的开放式基金已构建起一条包括货币市场基金、债券基金、混合基金、股票基金等在内的风险从低到高的产品线
价格策略	根据申购资金量、持有期限、基金投资品种和期限的不同，设定不同的费率结构。 价格调节手段包括首次认申购客户的费用折扣，后端收费模式，对同一基金设计不同的收费结构和结算模式，设计费用优惠政策等
渠道策略	我国基金销售的渠道还是较为单一，以银行和券商代销为主
促销策略	多种促销手段与投资者进行交流沟通

【真题回顾】

1. 基金销售机构销售基金产品一般以(　　)营销理论为指导。

A. 4Cs　　B. 4Ps

C. 5Ps　　D. 5Cs

【答案】 B

【解析】 本题考核的是基金销售机构销售基金产品的指导理论。一般以 4Ps 营销理论为指导。

2. 证券投资基金在运用 4Ps 理论时有其特殊性，其中不包括(　　)。

A. 规范性　　B. 持续性

C. 专业性　　D. 综合性

【答案】 D

【解析】 本题考核的是 4Ps 理论的特点。包括：规范性、服务性、专业性、持续性、适用性。

3. 在销售策略方面，我国基金销售的渠道以(　　)为主。

A. 基金公司直销　　B. 银行和券商代销

C. 独立第三方销售公司　　D. 互联网金融渠道

【答案】 B

【解析】 本题考核的是渠道策略。我国基金销售的渠道较为单一，以银行和券商代销为主。

【典型习题】

1. 4Ps 营销理论的要素不包括(　　)。

A. 产品价格　　B. 价格

C. 促销　　D. 环境

2. 下列关于基金直销方式的特点，表述错误的是(　　)。

A. 在销售网络方面，直销方式的推广效果有限

B. 在营销成本方面，以直销方式销售基金时，基金公司承担固定成本，针对特定目标客户可大幅降低营销成本

C. 在客户关系方面，直销方式有广泛的客户基础

D. 在基金产品方面，直销方式只销售一家基金公司的产品

3. 传统股票投资者转为基金投资者时的首选是从(　　)购买基金。

A. 独立第三方销售公司　　B. 银行代销

C. 证券公司经纪业务营业部　　D. 基金公司直销

4. 下列关于互联网金融渠道销售基金的特点，表述错误的是(　　)。

A. 投资便利度高　　B. 基金品种多样

C. 投资门槛低　　D. 附加功能丰富

【参考答案】

1. D　　2. C　　3. C　　4. B

第9章　基金销售行为规范及信息管理

【知识结构框架】

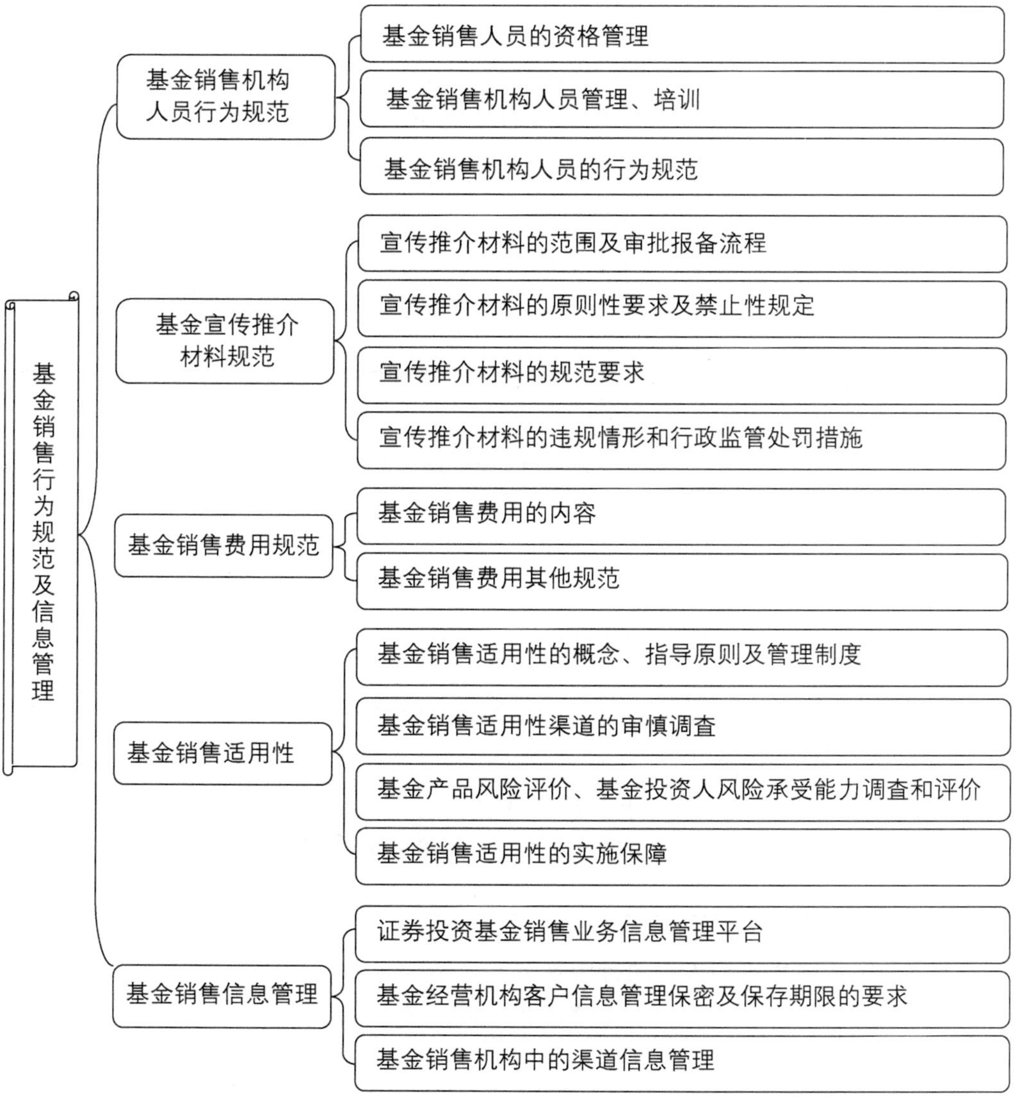

第一节 基金销售机构人员行为规范

【教材解读】

考点1 基金销售人员的资格管理（表9—1）

表9—1 基金销售人员的资格管理

项目	内容
工作范围	宣传推介基金、发售基金份额、办理基金份额申购和赎回等
要求	负责基金销售业务的管理人员应取得基金从业资格（中国证券投资基金业协会认可）。 证券公司总部及营业网点，商业银行总行、各级分行及营业网点，专业基金销售机构和证券投资咨询机构总部及营业网点从事基金宣传推介、基金理财业务咨询等活动的人员应取得基金销售业务资格。 从业人员需由所在机构进行执业注册登记；未经基金管理人或基金销售机构聘任，任何人员不得从事基金销售活动

考点2 基金销售机构人员管理、培训（表9—2）

表9—2 基金销售机构人员管理、培训

项目	内容
建立员工培训制度	通过培训、考试等方式，确保员工理解、掌握相关法律法规和规章制度
建立销售绩效评价体系	建立科学合理的销售绩效评价体系，健全激励、约束机制
办理执业注册、后续培训和执业年检	对通过基金业协会资质考核并获得基金销售资格的基金销售人员，统一办理
公示	通过网络或其他方式向社会公示本机构所属的取得基金销售从业资质的人员信息，公示的内容包括但不限于姓名、从业资质证明及编号、所在营业网点等

考点3 基金销售机构人员的行为规范（表9—3）

表9—3 基金销售机构人员的行为规范

项目	内容
基本行为规范	（1）宣传推介和销售服务时，应公平对待投资者。 （2）根据投资者的目标和风险承受能力推荐基金品种，并客观介绍基金的风险收益特征，明确提示投资者注意投资基金的风险。 （3）自觉避免其个人及其所在机构的利益与投资者的利益冲突；无法避免时，要确保投资者的利益优先

续表

项　目	内　容
禁止性规范	（1）不得进行虚假或误导性陈述或出现重大遗漏。 （2）不得片面夸大过往业绩，也不得预测所推介基金的未来业绩。 （3）不得接受投资者的现金，不得以个人名义接受投资者的款项。 （4）不得擅自更改投资者的交易指令，无正当理由不得拒绝投资者的交易要求。 （5）基金销售人员获得投资者提供的开户资料和基金交易等相关资料后，应及时交所在机构建档保管，并依法为投资者保守秘密，不得泄露投资者买卖、持有基金份额的信息及其他相关信息。 （6）禁止性情形，包括： ①在销售活动中为自己或他人牟取不正当利益； ②违规向他人提供基金未公开的信息； ③诋毁其他基金、销售机构或销售人员； ④散布虚假信息，扰乱市场秩序； ⑤同意或默许他人以其本人或所在机构的名义从事基金销售业务； ⑥违规接受投资者全权委托，直接代理客户进行基金认购、申购、赎回等交易； ⑦违规对投资者做出盈亏承诺，或与投资者以口头或书面形式约定利益分成或亏损分担； ⑧承诺利用基金资产进行利益输送； ⑨以账外暗中给予他人财物或利益或接受他人给予的财物或利益等形式进行商业贿赂； ⑩挪用投资者的交易资金或基金份额； ⑪从事其他任何可能有损其所在机构和基金业声誉的行为

【真题回顾】

1. 下列不属于基金销售机构工作人员从事的工作范围的是（　　）。

A. 办理基金份额申购和赎回　　B. 宣传推介基金

C. 发售基金份额　　D. 分析基金走势

【答案】 D

【解析】 本题考核的是基金销售机构工作人员从事的工作范围。包括：宣传推介基金、发售基金份额、办理基金份额申购和赎回等相关活动。

2. 基金销售机构中必须取得基金从业资格的人员是（　　）。

A. 基金研究分析人员　　B. 从事基金理财业务咨询的人员

C. 销售机构的管理人员　　D. 总部从事基金宣传推介的人员

【答案】 C

【解析】 本题考核的是基金销售人员的资格管理。负责基金销售业务的管理人员应取得基金从业资格。

3. 下列不属于基金销售从业人员应具有的条件的是(　　)。

A. 取得基金从业资格

B. 由所在机构进行执业注册登记

C. 具有相关的基金从业经验

D. 经基金管理人或者基金销售机构聘任

【答案】 C

【解析】 本题考核的是基金销售人员的资格管理。基金销售人员需由所在机构进行执业注册登记，未经基金管理人或者基金销售机构聘任，任何人员不得从事基金销售活动。

4. 基金销售人员应当自觉避免其个人及其所在机构的利益与投资者的利益冲突，当无法避免时，应当(　　)。

A. 同避　　　　B. 确保个人的利益优先

C. 确保所在机构的利益优先　　　　D. 确保投资者的利益优先

【答案】 D

【解析】 本题考核的是基金销售人员基本行为规范。基金销售人员应自觉避免其个人及其所在机构的利益与投资者的利益冲突；无法避免时，应确保投资者的利益优先。

5. 下列不属于基金销售人员从事基金销售活动禁止性情形的是(　　)。

A. 向他人提供基金未公开的信息

B. 接受投资者全权委托，代理客户进行基金认购、申购、赎回等交易

C. 不得同意或默许他人以其本人或所在机构的名义从事基金销售业务

D. 挪用投资者的交易资金或基金份额

【答案】 C

【解析】 本题考核的是基金销售人员禁止性行为。C 选项不属于基金销售人员禁止性行为的情形。

6. 对通过中国基金业协会资质考核并获得基金销售资格的基金销售人员，基金销售机构不需要为其统一办理(　　)。

A. 后续培训　　　　B. 执业注册

C. 从业证书　　　　D. 执业年检

【答案】 C

【解析】 本题考核的是基金销售机构人员管理和培训要求。基金销售机构对于通过基金业协会资质考核并获得基金销售资格的基金销售人员，统一办理执业注册、后续培训和执业年检，无需办理从业证书。

7. 负责基金销售业务的管理人员应(　　)。

A. 取得基金从业资格

B. 具有大学本科以上学历

C. 6 个月内未因重大违法违规行为受到行政处罚

D. 有相关的基金从业经验

【答案】 A

【解析】 本题考核的是基金销售人员的资格管理。负责基金销售业务的管理人员应取得基金从业资格，方可从事基金销售业务。

【典型习题】

1. 基金销售人员应取得(　　)认可的基金从业人员资格。

A. 基金业协会　　B. 中国证监会

C. 证券业协会　　D. 中国银监会

2. 对于通过基金业协会资质考核并获得基金销售资格的基金销售人员，由(　　)统一办理执业注册、后续培训和执业年检。

A. 基金管理人　　B. 基金份额持有人

C. 基金托管人　　D. 基金销售机构

3. 下列关于基金销售人员基本行为规范的表述，正确的是(　　)。

A. 根据投资者的合理意见改进工作，如有需要应立即向所在小组报告

B. 可同意或默许他人以其本人或所在机构的名义从事基金销售业务

C. 预测所推介基金的未来业绩

D. 确保投资者的利益优先

【参考答案】

1. A　　2. D　　3. D

第二节　基金宣传推介材料规范

【教材解读】

考点 1　宣传推介材料的范围及审批报备流程（表 9—4）

表 9—4　　宣传推介材料的范围及审批报备流程

项　　目	内　　容
范围	（1）公开出版资料。 （2）宣传单、手册、信函、传真、非指定信息披露媒体上刊发的与基金销售相关的公告等面向公众的宣传资料。 （3）海报、户外广告。 （4）电视、电影、广播、互联网资料、公共网站链接广告、短信及其他音像、通信资料。 （5）通过报眼及报花广告、公共网站链接广告、传真、短信、非指定信息披露媒体上刊发的与基金分红、销售相关的公告等可以使公众普遍获得的、带有广告性质的基金销售信息。 （6）中国证监会规定的其他材料

续表

项　　目		内　　容
审批报备流程	报送内容	包括基金宣传推介材料的形式和用途说明、基金宣传推介材料、基金管理公司督察长出具的合规意见书、基金托管银行出具的基金业绩复核函或基金定期报告中相关内容的复印件，以及有关获奖证明的复印件
	报送形式	书面报告，报送基金管理公司或基金代销机构主要办公场所所在地证监局。 报证监局时，应随附电子文档
	报送流程	基金管理公司或基金代销机构应在分发或公布基金宣传推介材料之日起5个工作日内递交报告材料

考点2　宣传推介材料的原则性要求及禁止性规定（表9—5）

表9—5　　宣传推介材料的原则性要求及禁止性规定

项　　目	内　　容
原则性要求	避免利用通过大比例分红等降低基金单位净值来吸引基金投资人购买基金的营销手段，或对违反基金合同约定的暂停、打开申购等营销手段进行宣传
禁止性规定	（1）虚假记载、误导性陈述或者重大遗漏。 （2）预测基金的投资业绩。 （3）违规承诺收益或者承担损失。 （4）诋毁其他基金管理人、基金托管人或者基金销售机构，或者其他基金管理人募集或者管理的基金。 （5）夸大或者片面宣传基金，违规使用安全、保证、承诺、保险、避险、有保障、高收益、无风险等可能使投资人认为没有风险的或者片面强调集中营销时间限制的表述。 （6）登载单位或者个人的推荐性文字。 （7）基金宣传推介材料所使用的语言表述应当准确、清晰，特别注意下列事项： ①缺乏足够证据支持下，不得使用“业绩稳健”“业绩优良”“名列前茅”“位居前列”“首只”“最大”“最好”等表述； ②不得使用“坐享财富增长”“安心享受成长”“尽享牛市”等易使基金投资人忽视风险的表述； ③不得使用“欲购从速”“申购良机”等片面强调集中营销时间限制的表述； ④不得使用“净值归一”等误导基金投资人的表述。 （8）中国证监会规定的其他情形

考点 3　宣传推介材料的规范要求（表 9－6）

表 9－6　　宣传推介材料的规范要求

项　　目	内　　容
业绩登载规范	可登载该基金、基金管理人管理的其他基金的过往业绩，但基金合同生效不足 6 个月的除外。 登载过往业绩时，应符合下列要求： （1）基金合同生效 6 个月以上，但不满 1 年的，应当登载从合同生效之日起计算的业绩； （2）基金合同生效 1 年以上，但不满 10 年的，应当登载自合同生效当年开始所有完整会计年度的业绩；宣传推介材料公布日在下半年的，还应当登载当年上半年度业绩； （3）基金合同生效 10 年以上的，应当登载最近 10 个完整会计年度的业绩； （4）业绩登载期间基金合同中投资目标、投资范围和投资策略发生改变的，应予以特别说明
其他规范要求	（1）登载基金管理人股东背景时，应特别声明基金管理人与股东之间实行业务隔离制度，股东不直接参与基金财产的投资运作。 （2）推介货币市场基金的，应提示基金投资人，购买货币市场基金并不等于将资金作为存款存放在银行或者存款类金融机构，不保证基金一定盈利，也不保证最低收益。 （3）推介保本基金的，应充分揭示保本基金的风险，说明投资者投资保本基金并不等于将资金作为存款存放在银行或者存款类金融机构，在极端情况下保本基金仍然存在本金损失的风险。 （4）应含有明确、醒目的风险提示和警示性文字，用于提醒投资人注意投资风险。以电视、电影、互联网资料、公共网站链接形式的，应当包括至少 5 秒钟的影像显示。电台广播应以旁白形式表达

考点 4　宣传推介材料的违规情形和行政监管处罚措施（表 9－7）

表 9－7　　宣传推介材料的违规情形和行政监管处罚措施

项　　目	内　　容
违规情形	包括：①未履行报送手续；②基金宣传推介材料和上报的材料不一致；③基金宣传推介材料违反《证券投资基金销售管理办法》及其他情形。 出现上述违规情形的，由中国证监会或证监局根据违规程度依法采取行政监管或行政处罚措施
行政监管处罚措施	（1）提示改正。 （2）出具监管警示函。

续表

项　目	内　容
行政监管处罚措施	（3）对6个月内连续2次被出具监管警示函仍未改正的，该公司或机构在分发或公布基金宣传推介材料前，应当事先将材料报送中国证监会。基金宣传推介材料自报送中国证监会之日起10日后，方可使用；在上述期限内，中国证监会发现基金宣传推介材料不符合有关规定的，可及时告知该公司或机构进行修改，材料未经修改的，该公司或机构不得使用。 （4）责令整改，暂停办理相关业务，立案、调查。 （5）对直接负责的基金管理公司或基金代销机构高级管理人员和其他直接责任人员，采取监管谈话、出具警示函、记入诚信档案、暂停履行职务、认定为不适宜担任相关职务者等行政监管措施，或建议公司或机构免除有关高管人员的职务

【真题回顾】

1. 下列关于基金宣传推介材料的说法，正确的是（　　）。

A. 可以通过电视、广播进行公布

B. 可以登载单位的推荐性文字

C. 可以使用“坐享财富增长”“欲购从速”等表述

D. 可以预测基金的投资业绩

【答案】 A

【解析】 本题考核的是基金宣传推介材料的禁止性规定。基金宣传推介材料可以在电视、电影、广播、互联网资料等进行公布，A选项正确。B、C、D选项均属宣传推介材料的禁止性规定。

2. 基金宣传推介材料登载过往业绩，基金合同生效1年以上但不满10年的，应当登载（　　）。

A. 自合同生效当年开始所有完整会计年度的业绩，宣传推介材料公布日在下半年的，还应当登载当年上半年度的业绩

B. 自合同生效当年开始所有完整会计年度的业绩

C. 当年上半年的业绩

D. 从合同生效之日起计算的业绩

【答案】 A

【解析】 本题考核的是基金宣传推介材料登载过往业绩的要求。基金宣传推介材料登载过往业绩的，基金合同生效1年以上不满10年的，应当登载自合同生效当年开始所有完整会计年度的业绩，宣传推介材料公布日在下半年的，还应当登载当年上半年度的业绩。

3. 关于保本基金的宣传推介，正确的是（　　）。

A. 保本基金能保证最低收益　　　　B. 保本基金与金融机构同业存款相似

C. 保本基金与银行存款相似　　　　　　D. 保本基金仍存在本金损失的风险

【答案】D

【解析】本题考核的是保本基金的宣传推介要求。基金宣传材料中推介保本基金的，应充分揭示保本基金的风险，并说明保本基金在极端情况下仍存在本金损失的风险。

4. 下列关于基金宣传推介材料规范的说法，正确的是(　　)。

A. 推介货币市场基金的，可以保证最低收益

B. 推介保本基金的，可以不揭示保本基金的风险

C. 电台广播应当以旁白形式提示投资人注意风险并参考该基金的销售文件

D. 登载基金管理人股东背景时，不必特别声明基金管理人与股东之间的业务隔离制度

【答案】C

【解析】本题考核的是宣传推介材料的规范。基金宣传推介材料中推介货币市场基金的，不保证基金一定盈利，也不保证最低收益，A 选项错误。基金宣传材料中推介保本基金的，应当充分揭示保本基金的风险，B 选项错误。电台广播应以旁白形式表达，C 选项正确。基金宣传推介材料登载基金管理人股东背景时，应当特别声明基金管理人与股东之间实行业务隔离制度，D 选项错误。

5. 基金代销机构使用基金宣传推介材料时有违规情形的，将视违规程度由(　　)依法采取行政监管或行政处罚措施。

A. 中央银行或财政部　　　　　　B. 中国证监会或证监局

C. 中央银行或证监会　　　　　　D. 中国证监会或财政部

【答案】B

【解析】本题考核的是行政监管处罚措施。基金代销机构使用基金宣传推介材料时有违规情形的，将根据违规程度由中国证监会或证监局依法采取行政监管或行政处罚措施。

6. 下列对基金管理公司使用基金宣传推介材料的情形，实行行政监管处罚措施中，错误的是(　　)。

A. 罚款　　　　　　B. 提示改正

C. 出具监管警示函　　　　　　D. 暂停办理相关业务

【答案】A

【解析】本题考核的是行政监管处罚措施。包括：提示改正、出具监管警示函、暂停办理相关业务等，不包括罚款。

【典型习题】

1. 基金管理人的基金宣传推介材料，自向公众分发或者发布之日起(　　)个工作日内报主要经营活动所在地中国证监会派出机构备案。

A. 3　　　　　　B. 5

C. 7　　　　　　D. 10

2. 宣传推介材料书面报告报送基金管理公司或基金代销机构主要办公场所所在地(　　)。

A. 基金业协会　　B. 工商注册所在地中国证监会派出机构

C. 证监局　　D. 证券业协会

3. 下列关于基金宣传推介材料登载过往业绩的表述，错误的是(　　)。

A. 基金合同生效6个月以上但不满1年的，应当登载从合同生效之日起计算的业绩

B. 基金合同生效1年以上但不满10年的，应当登载自合同生效当年开始所有完整会计年度的业绩

C. 基金合同生效10年以上的，应当登载最近10个完整会计年度的业绩

D. 业绩登载期间基金合同中投资目标、投资范围和投资策略发生改变的，应当重新签订基金合同

4. 基金宣传推介材料的报送内容不包括(　　)。

A. 基金宣传推介材料的形式　　B. 基金销售员工培训制度

C. 基金宣传推介材料的用途说明　　D. 获奖证明的复印件

【参考答案】

1. B　　2. C　　3. D　　4. B

第三节　基金销售费用规范

【教材解读】

考点1　基金销售费用的内容（表9—8）

表9—8　基金销售费用的内容

项　目	内　容
原则性规范	（1）设定科学合理、简单清晰的基金销售费用结构和费率水平，不断完善基金销售信息披露，防止不正当竞争。 （2）基金管理人应在基金合同、招募说明书或公告中载明收取销售费用的项目、条件和方式，在招募说明书或者公告中载明费率标准及费用计算方法。 （3）建立健全对基金销售费用的监督和控制机制，持续提高对基金投资人的服务质量
费用结构	包括基金的申购（认购）费、赎回费和销售服务费。基金管理人发售基金份额、募集基金的，可收取认购费；办理基金份额申购，可收取申购费。 认购费和申购费可采用前端收费方式、后端收费方式。持有期低于3年的投资人，基金管理人不得免收其后端申购（认购）费用。 基金管理人办理开放式基金份额的赎回，应收取赎回费

续表

项　　目	内　　容
费率水平	（1）收取销售服务费：对持续持有期少于 30 日的投资人，收取不低于 0.5%的赎回费，并将上述赎回费全额计入基金财产。 （2）不收取销售服务费： ①对持续持有期少于 7 日的投资人，收取不低于 1.5%的赎回费； ②对持续持有期少于 30 日的投资人，收取不低于 0.75%的赎回费，并将上述赎回费全额计入基金财产； ③对持续持有期少于 3 个月的投资人，收取不低于 0.5%的赎回费，并将不低于赎回费总额的 75%计入基金财产； ④对持续持有期长于 3 个月但少于 6 个月的投资人，收取不低于 0.5%的赎回费，并将不低于赎回费总额的 50%计入基金财产； ⑤对持续持有期长于 6 个月的投资人，应当将不低于赎回费总额的 25%计入基金财产。 （3）基金销售机构可对基金销售费用实行一定的优惠

考点 2　基金销售费用其他规范（表 9—9）

表 9—9　　基金销售费用其他规范

项　　目	内　　容
销售费用的收取	基金销售机构应按照基金合同和招募说明书的约定向投资人收取销售费用；未经招募说明书载明并公告，不得对不同投资人适用不同费率
销售协议的签订	（1）销售基金管理人的基金产品前，基金销售机构应与基金管理人签订销售协议，约定支付报酬的比例和方式。基金管理人与基金销售机构可在基金销售协议中约定依据销售机构销售基金的保有量提取一定比例的客户维护费。 （2）基金管理人和基金销售机构应当在基金销售协议中明确约定销售费用的结算与支付方式，除客户维护费外，不得就销售费用签订其他补充协议。 （3）基金管理人不得向销售机构支付非以销售基金的保有量为基础的客户维护费，不得在基金销售协议之外支付或变相支付销售佣金或报酬奖励
禁止行为	（1）在签订销售协议或销售基金活动中进行商业贿赂。 （2）以排挤竞争对手为目的，压低基金收费水平。 （3）未经公告擅自变更向基金投资人的收费项目或收费标准，或通过先收后返、财务处理等方式变相降低收费标准。 （4）采取抽奖、回扣或者送实物、保险、基金份额等方式销售基金。 （5）其他违反法律、行政法规的规定，扰乱行业竞争秩序的行为

续表

项　目	内　容
计提费用的披露	基金管理人应在基金半年度报告和基金年度报告中披露从基金财产中计提的管理费、托管费、基金销售服务费的金额，并说明管理费中支付给基金销售机构的客户维护费总额
监察稽核报告的内容	基金管理人应在每季度的监察稽核报告中，列明基金销售费用的具体支付项目和使用情况以及从管理费中支付的客户维护费总额

【真题回顾】

1. 基金销售费用不包括(　　)。

A. 申购费　　B. 基金转换费

C. 赎回费　　D. 销售服务费

【答案】B

【解析】本题考核的是基金销售费用的构成。包括：基金的申购（认购）费、赎回费和销售服务费。

2. 基金管理人发售基金份额、募集基金，可以收取(　　)。

A. 申购费　　B. 过户费

C. 手续费　　D. 认购费

【答案】D

【解析】本题考核的是认购费的收取。基金管理人发售基金份额、募集基金，可以收取认购费。

3. 收取销售服务费的，对持有持续期少于30日的投资人收取不低于(　　)的赎回费，并将上述赎回费全额计入基金财产。

A. 1.5%　　B. 0.75%

C. 1%　　D. 0.5%

【答案】D

【解析】本题考核的是赎回费的收取。基金管理人收取销售服务费的，对持续持有期少于30日的投资人收取不低于0.5%的赎回费，并将上述赎回费全额计入基金财产。

4. 基金管理人应当按照(　　)的约定，向投资人收取销售费用。

A. 理财服务协议　　B. 基金资产托管协议

C. 基金合同　　D. 基金销售协议

【答案】C

【解析】本题考核的是向投资人收取销售费用的依据。基金销售机构应按照基金合同和招募说明书的约定向投资人收取销售费用。

5. 下列关于基金销售行为，错误的是（　）。

A. 不得采取抽奖的方式销售基金

B. 按照基金合同和招募说明书的约定向投资人收取销售费用

C. 可以采取送基金份额的方式销售基金

D. 不以排挤竞争对手为目的，而压低基金的收费水平

【答案】C

【解析】本题考核的是基金销售行为的要求。基金销售机构在基金销售活动中，不得采取抽奖、回扣或者送实物、保险、基金份额等方式销售基金。基金销售机构应当按照基金合同和招募说明书的约定向投资人收取销售费用。

6. 基金管理人应当在(　　)和(　　)中披露从基金财产中计提的管理费、托管费、基金销售服务费的金额。

A. 基金月度报告；基金半年度报告

B. 基金半年度报告；基金年度报告

C. 基金季度报告；基金年度报告

D. 基金季度报告；基金半年度报告

【答案】B

【解析】本题考核的是计提费用的披露。基金管理人应在基金半年度报告和基金年度报告中披露从基金财产中计提的管理费、托管费、基金销售服务费的金额。

6. 下列关于基金销售费用的说法，错误的是(　　)。

A. 基金管理人可以向销售机构支付非以销售基金的保有量为基础的客户维护费

B. 按照基金合同和招募说明书的约定，可以对不同的投资人适用不同费率

C. 基金管理人与基金销售机构可以在基金销售协议中约定依据销售机构销售基金的保有量提取一定比例的客户维护费

D. 销售基金产品前，基金销售机构应与基金管理人签订销售协议，约定支付报酬的比例和方式

【答案】A

【解析】本题考核的是基金销售费用的要求。基金管理人不得向销售机构支付非以销售基金的保有量为基础的客户维护费，A 选项错误。未经招募说明书载明并公告，不得对不同投资人适用不同费率，B 选项正确。基金管理人与基金销售机构可以在基金销售协议中约定依据基金销售机构销售基金的保有量提取一定比例的客户维护费，C 选项正确。基金销售机构销售基金管理人的基金产品前，应与基金管理人签订销售协议，约定支付报酬的比例和方式，D 选项正确。

【典型习题】

1. 基金管理人办理开放式基金份额的赎回，应收取(　　)。

A. 手续费　　　　B. 过户费

C. 赎回费　　　　D. 认购费

2. 不收取销售服务费的，对持续持有期少于 30 日的投资人收取不低于(　　)的赎回费，并将上述赎回费全额计入基金财产。

A. 1.5%　　　　B. 0.75%

C. 1%　　D. 0.5%

3. 基金管理人在基金半年度报告和基金年度报告中披露从基金财产中计提的费用不包括（　　）。

A. 托管费　　B. 基金销售服务费

C. 管理费　　D. 赎回费

【参考答案】

1. C　2. B　3. D

第四节　基金销售适用性

【教材解读】

考点 1　基金销售适用性的概念和指导原则（表 9—10）

表 9—10　基金销售适用性的概念和指导原则

项　目	内　容
概念	基金销售机构在销售基金和相关产品的过程中，根据基金投资人的风险承受能力销售不同风险等级的产品，将合适的产品卖给合适的基金投资人
指导原则	（1）投资人利益优先原则。 （2）全面性原则：对基金管理人（或产品发起人，下同）、基金产品（或基金相关产品，下同）和基金投资人都要了解并做出评价。 （3）客观性原则：基金销售机构应当建立科学合理的方法，设置必要的标准和流程，保证基金销售适用性的实施。 （4）及时性原则：根据实际情况及时更新

考点 2　基金销售适用性的管理制度

应当至少包括：对基金管理人进行审慎调查的方式和方法；对基金产品的风险等级进行设置，对基金产品进行风险评价的方式或方法；对基金投资人风险承受能力进行调查和评价的方式和方法；对基金产品和基金投资人进行匹配的方法。

考点 3　基金销售适用性渠道的审慎调查（表 9—11）

表 9—11　基金销售适用性渠道的审慎调查

审查方面	要　求
基金代销机构对基金管理人的审慎调查	了解：基金管理人的诚信状况、经营管理能力、投资管理能力和内部控制情况，可将调查结果作为是否代销该基金管理人的基金产品或是否向基金投资人优先推介该基金管理人的重要依据
基金管理人对基金代销机构的审慎调查	了解：基金代销机构的内部控制情况、信息管理平台建设、账户管理制度、销售人员能力和持续营销能力，可将调查结果作为选择基金代销机构的重要依据

续表

审查方面	要　　求
基金管理人和基金代销机构相互进行审慎调查	—

考点 4　基金产品风险评价、基金投资人风险承受能力调查和评价（表 9—12）

表 9—12　　基金产品风险评价、基金投资人风险承受能力调查和评价

<table>
<tr><th colspan="2">项　　目</th><th>内　　容</th></tr>
<tr><td colspan="2">基金产品风险评价</td><td>基金产品的风险评价可以由基金销售机构的特定部门完成，也可以由第三方的基金评级与评价机构提供。
基金产品风险评价结果应当作为基金销售机构向基金投资人推介基金产品的重要依据。基金产品风险评价以基金产品的风险等级具体反映，至少包括低风险等级、中风险等级、高风险等级。
基金产品风险评价至少依据下列 4 个因素：
（1）基金招募说明书所明示的投资方向、投资范围和投资比例；
（2）基金的历史规模和持仓比例；
（3）基金的过往业绩及基金净值的历史波动程度；
（4）基金成立以来有无违规行为发生。
基金产品风险评价的结果应当定期更新，过往的评价结果应当作为历史记录保存</td></tr>
<tr><td rowspan="2">基金投资人风险承受能力调查和评价</td><td>基金投资人风险承受能力调查</td><td>调查结果中至少了解基金投资人的投资目的、投资期限、投资经验、财务状况、短期风险承受水平、长期风险承受水平</td></tr>
<tr><td>基金投资人风险的评价</td><td>基金投资人评价应以基金投资人的风险承受能力类型具体反映，应至少包括：保守型、稳健型、积极型</td></tr>
</table>

考点 5　基金销售适用性的实施保障（表 9—13）

表 9—13　　基金销售适用性的实施保障

实施主体	内　　容
中国证监会及其派出机构	对基金销售活动进行现场检查时，有权对与基金销售适用性相关的制度建设、推广实施、信息处理和历史记录等进行询问或检查；发现问题的，可对基金销售机构进行必要的指导
基金业协会	有权对基金销售适用性的执行情况进行自律管理

【真题回顾】

1. 下列关于基金销售适用性的表述，不正确的是(　　)。

A. 应当遵循投资人利益优先、全面性、客观性、及时性原则

B. 对基金产品的风险评价，必须由基金销售机构的特定部门完成

C. 禁止基金销售机构违背基金投资人意愿向基金投资人销售与基金投资人风险承受能力不匹配的产品

D. 基金投资人的风险承受能力应当至少包括保守型、稳健型、积极型三个类型

【答案】 B

【解析】 本题考核的是基金销售适用性的要求。B选项错误在于：对基金产品的风险评价，可由基金销售机构的特定部门完成，也可由第三方的基金评级与评价机构提供。

2. 根据基金销售适用性原则，应对(　　)做出评价。

A. 基金管理人、基金销售机构、基金经理

B. 基金管理人、基金产品、基金投资人

C. 基金投资人、基金经理、基金投资策略

D. 基金管理人、基金托管人、基金销售机构

【答案】 B

【解析】 本题考核的是基金销售适用性中的全面性原则。该原则是对基金管理人（或产品发起人）基金产品（或基金相关产品）和基金投资人进行了解并做出评价。

3. 下列关于基金销售渠道审慎调查的说法，正确的是(　　)。

A. 基金代销机构对基金管理人的审慎调查

B. 基金管理人对基金代销机构的审慎调查

C. 基金管理人和基金代销机构相互进行审慎调查

D. 以上说法都正确

【答案】 D

【解析】 本题考核的是基金销售渠道审慎调查。包括：基金代销机构对基金管理人的审慎调查、基金管理人对基金代销机构的审慎调查。基金销售的适用性要求基金管理人和基金代销机构进行相互审慎调查。A、B、C选项均正确。

4. 根据基金销售适用性要求，不属于基金销售机构推介基金管理人重要依据的是(　　)。

A. 投资管理能力　　B. 内部控制情况

C. 股东背景　　D. 经营管理能力

【答案】 C

【解析】 本题考核的是基金销售机构推介基金管理人重要依据。包括：基金管理人的诚信状况、经营管理能力、投资管理能力和内部控制情况。

5. 下列关于基金产品风险评价的说法，错误的是(　　)。

A. 评价的结果应当定期更新

B. 基金产品的风险评价可以由基金销售机构的特定部门完成

C. 过往的评价结果应当作为历史保存

D. 基金评价的方法应当保密

【答案】 D

【解析】本题考核的是基金产品风险评价的要求。基金产品风险评价的结果应定期更新，过往的评价结果应当作为历史记录保存，A、C 选项正确。对基金产品的风险评价，可由基金销售机构的特定部门完成，也可由第三方的基金评级与评价机构提供，B 选项正确。基金销售机构所使用的基金产品风险评价方法及其说明应当向基金投资人公开，D 选项错误。

【典型习题】

1. 基金销售适用性的指导原则不包括（　　）。

A. 全面性原则　　B. 及时性原则

C. 客观性原则　　D. 管理人利益优先原则

2. 根据基金销售适用性要求，不属于基金管理人选择基金代销机构重要依据的是（　　）。

A. 内部控制情况　　B. 盈利能力

C. 持续营销能力　　D. 销售人员能力

3. 基金销售机构向基金投资人推介基金产品的重要依据是（　　）。

A. 基金销售适用性评价结果　　B. 基金产品风险评价结果

C. 基金销售渠道审慎调查结果　　D. 基金投资人风险承受能力调查结果

4. 有权对基金销售适用性的执行情况进行自律管理的机构是（　　）。

A. 监控中心　　B. 基金业协会

C. 中国证监会及其派出机构　　D. 证券业协会

【参考答案】

1. D　　2. B　　3. B　　4. B

第五节　基金销售信息管理

【教材解读】

考点 1　证券投资基金销售业务信息管理平台（表 9－14）

表 9－14　　证券投资基金销售业务信息管理平台

平台类型	功　能	备注
前台业务系统	（1）通过与后台管理系统的网络连接，实现各项业务功能。 （2）为基金投资人以及基金销售人员提供投资资讯。 （3）对基金交易账户以及基金投资人信息进行管理。 （4）基金认购、申购、赎回、转换、变更分红方式和中国证监会认可的其他交易功能。 （5）为基金投资人提供服务的功能	

续表

平台类型	功　能	备注
后台管理系统	（1）能够记录基金销售机构、基金销售分支机构、网点和基金销售人员的相关信息，具有对基金销售分支机构、网点和基金销售人员的管理、考核、行为监控等。 （2）能够记录和管理基金风险评价、基金管理人与基金产品信息、投资资讯等相关信息。 （3）对基金交易开放时间以外收到的交易申请进行正确的处理，防止发生基金投资人盘后交易的行为。 （4）具备交易清算、资金处理的功能，以便完成与基金注册登记系统、银行系统的数据交换。 （5）具有对所涉及的信息流和资金流进行对账作业的功能	限制在基金销售机构内部使用
应用系统的支持系统	—	

考点 2　基金经营机构客户信息管理保密及保存期限的要求（表 9－15）

表 9－15　基金经营机构客户信息管理保密及保存期限的要求

项　目	内　容
保密要求	使用客户信息时，不得存在下列行为： （1）出售客户信息； （2）向本基金机构以外的其他机构和个人提供客户信息，但为客户办理相关业务所必需并经客户本人书面授权或同意的，以及法律法规和相关监管机构另有规定的除外； （3）在客户提出反对的情况下，将客户信息用于该信息源以外的金融机构的其他营销活动
保存期限	（1）客户身份资料：自业务关系结束当年或一次性交易记账当年计起，至少保存 5 年。 （2）客户交易记录：自交易记账当年计起，至少保存 5 年。 （3）客户交易终端信息和开户资料电子化信息：不得少于 20 年。 （4）交易时段客户交易区的监控录像资料：不得少于 6 个月

考点 3　基金销售机构中的渠道信息管理（表 9－16）

表 9－16　基金销售机构中的渠道信息管理

项　目	内　容
基金销售机构账户信息管理	基金份额登记机构的主要职责在于： （1）建立并管理投资人基金份额账户； （2）负责基金份额的登记； （3）基金交易确认；

续表

项　　目	内　　容
基金销售机构账户信息管理	（4）代理发放红利； （5）建立并保管基金份额持有人名册； （6）登记代理协议规定的其他职责。 基金管理人变更基金份额登记机构的，应在变更前将变更方案报中国证监会备案
基金销售机构风险评估信息管理	基金销售机构所使用的基金产品风险评价方法及其说明应向基金投资人进行公开。 基金销售机构销售基金产品时委托其他机构进行客户身份识别的，应通过合同、协议或其他书面文件，明确双方在客户身份识别、客户身份资料和交易记录保存与信息交换等方面的反洗钱职责和程序

【真题回顾】

1. 证券投资基金销售业务信息管理平台不包括(　　)。

A. 前台业务系统　　B. 后台管理系统

C. 后台业务系统　　D. 应用系统的支持系统

【答案】C

【解析】本题考核的是证券投资基金销售业务信息管理平台构成。包括：前台业务系统、后台管理系统以及应用系统的支持系统。

2. 下列关于后台管理系统功能的说法，正确的是(　　)。

A. 为基金投资人提供服务的功能

B. 限制在基金销售机构内部使用

C. 对基金交易账户以及基金投资人信息进行管理的功能

D. 为基金投资人以及基金销售人员提供投资咨询的功能

【答案】B

【解析】本题考核的是后台管理系统的功能。A、C、D 选项为前台业务系统的功能。

3. 基金份额登记机构的主要职责不包括(　　)。

A. 代理发放红利

B. 建立并管理基金份额持有人名册

C. 负责基金份额的登记

D. 建立完善的基金份额持有人资金的存取程序和授权审批制度

【答案】D

【解析】本题考核的是基金份额登记机构的职责。包括：①建立并管理投资人基金份额账户；②负责基金份额的登记；③基金交易确认；④代理发放红利；⑤建立并保管基金份额持有人名册；⑥登记代理协议规定的其他职责。

4. 基金管理人变更基金份额登记机构的，应当在变更前将变更方案报(　　)备案。

A. 基金业协会　　B. 工商注册所在地中国证监会派出机构

C. 中国证监会　　D. 证券业协会

【答案】C

【解析】本题考核的是基金管理人变更基金份额登记机构的要求。基金管理人变更基金份额登记机构的，应在变更前将变更方案报中国证监会备案。

【典型习题】

1. 下列关于前台业务系统的功能，说法正确的是(　　)。

A. 通过与应用系统进行网络连接，实现各项业务功能

B. 具备交易清算、资金处理的功能

C. 具有对所涉及的信息流和资金流进行对账作业的功能

D. 对基金交易账户以及基金投资人信息进行管理

2. 下列关于后台管理系统功能的说法，错误的是(　　)。

A. 具备交易清算、资金处理的功能

B. 通过与前台管理系统的网络连接，实现各项业务功能

C. 对基金交易开放时间以外收到的交易申请进行正确的处理

D. 能够记录和管理基金风险评价、基金管理人与基金产品信息

3. 基金经营机构应妥善保存交易时段客户交易区的监控录像资料，保存期限不得少于(　　)。

A. 6个月　　B. 1年

C. 3年　　D. 5年

【参考答案】

1. D　　2. B　　3. A

第 10 章　基金客户服务

【知识结构框架】

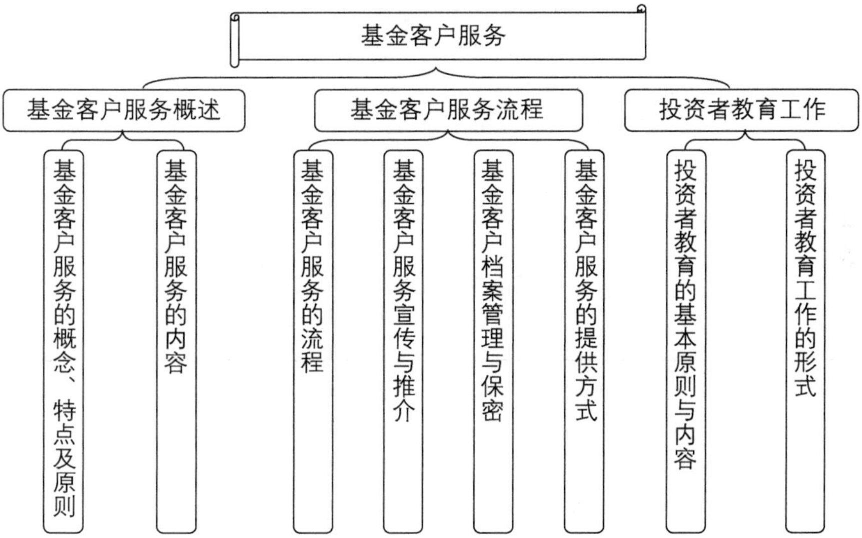

第一节　基金客户服务概述

【教材解读】

考点 1　基金客户服务的概念、特点及原则（表 10－1）

表 10－1　　基金客户服务的概念、特点及原则

项　　目	内　　容
概念	基金客户服务，是基金销售机构或人员为解决客户有关问题而提供的系列活动
特点	包括：专业性、规范性、持续性、时效性
原则	（1）客户至上原则。 （2）有效沟通原则。 （3）安全第一原则。 （4）专业规范原则

考点2　基金客户服务的内容（表10—2）

表10—2　　基金客户服务的内容

服务阶段	服务内容
售前服务	(1) 介绍证券市场基础知识、基金基础知识，普及基金相关法律知识。 (2) 介绍基金管理人投资运作情况，让客户充分了解基金投资的特点。 (3) 开展投资者风险教育
售中服务	(1) 协助客户完成风险承受能力测试并详细解释测试结果。 (2) 推介符合适用性原则的基金。 (3) 介绍基金产品。 (4) 协助客户办理开立账户、申购、赎回、资料变更等
售后服务	(1) 提醒客户及时核对交易确认。 (2) 向客户介绍客户服务、信息查询等的办法和路径。 (3) 定期提供产品净值信息。 (4) 基金公司、基金产品发生变动时，及时通知客户

【真题回顾】

1. 基金客户服务的特点不包括(　　)。

A. 专业性　　B. 规范性

C. 短期性　　D. 时效性

【答案】 C

【解析】 本题考核的是基金客户服务的特点。包括：专业性、规范性、持续性、时效性。

2. 下列不属于基金客户服务原则的是(　　)。

A. 客户至上原则　　B. 安全第一原则

C. 专业规范原则　　D. 依法监管原则

【答案】 D

【解析】 本题考核的是基金客户服务的原则。包括：客户至上原则、有效沟通原则、安全第一原则、专业规范原则。

3. 下列属于客户在基金投资操作过程中享受的服务的是(　　)。

A. 定期提供产品净值信息

B. 提醒客户及时核对交易确认

C. 介绍基金管理人投资运作情况，让客户充分了解基金投资的特点

D. 推介符合适用性原则的基金

【答案】 D

【解析】 本题考核的是售中服务的内容。A、B选项属于售后服务，C选项属于售

前服务。

4. 下列不属于基金售后服务的是(　　)。

A. 定期提供产品净值信息

B. 提醒客户及时核对交易确认

C. 向客户介绍客户服务、信息查询等的办法和路径

D. 协助客户办理开立账户、申购、赎回、资料变更等基金业务

【答案】 D

【解析】 本题考核的是基金售后服务的内容。D 选项属于售中服务。

【典型习题】

1. 基金客户服务的特点在于具有(　　)。

A. 专业性　　B. 持续性

C. 规范性　　D. 以上选项均正确

2. 下列属于基金售前服务的内容是(　　)。

A. 开展投资者风险教育　　B. 介绍基金产品

C. 推介符合适用性原则的基金　　D. 提醒客户及时核对交易确认

【参考答案】

1. D　　2. A

第二节　基金客户服务流程

【教材解读】

考点 1　基金客户服务的流程

服务宣传与推介→投资咨询与基金咨询→互动交流→受理投诉→投资跟踪与评价→客户档案管理与保密等。

考点 2　基金客户服务宣传与推介（表 10—3）

表 10—3　基金客户服务宣传与推介

项　目	内　容
识别潜在客户	对以往销售的历史数据进行收集、评价、总结，针对拟销售的目标市场识别潜在客户，找到有吸引力的市场机会
综合运用宣传手段	宣传与推介过程中综合运用公众普遍可获得的书面、电子或其他介质的信息，主要包括公开出版资料、宣传单、手册、电视、广播以及互联网等宣传手段

续表

项　目	内　容
建立评价体系	遵循销售适用性原则，关注投资人的风险承受能力和基金产品风险收益特征的匹配性。建立评价基金投资人风险承受能力和基金产品风险等级的方法体系
基金交易账户的开立	投资人开立基金交易账户时，向投资人提供投资人权益须知，保证投资人了解相关权益。及时准确地为投资人办理各类基金销售业务手续，识别客户有效身份，严格管理投资人账户
提供持续服务	保障基金份额持有人有效了解所投基金的相关信息。基金代销机构同时销售多只基金时，不得有歧视性的宣传推介活动和销售政策
规范基金销售人员行为	（1）对基金产品的陈述、介绍和宣传，应当与基金合同、招募说明书等相符，不得进行虚假或误导性陈述或出现重大遗漏。 （2）陈述所推介基金或同一基金管理人管理的其他基金的过往业绩时，应客观、全面、准确，并提供业绩信息的原始出处，不得片面夸大过往业绩，也不得预测所推介基金的未来业绩。 （3）应向投资者表明，所推介基金的过往业绩并不预示其未来表现，同一基金管理人管理的其他基金的业绩并不构成所推介基金业绩表现的保证

考点3　基金客户档案管理与保密（表10－4）

表10－4　　基金客户档案管理与保密

项　目	内　容
档案管理制度	客户身份资料：自业务关系结束当年计起至少保存15年。 交易记录：自交易记账当年记起至少保存15年
数据的保存	应逐日备份并异地妥善存放。 对系统运行数据中涉及基金投资人信息和交易记录：备份在不可修改的介质上，至少保存15年
人员的限制	在内部建立完善的信息管理体系，设置必要的信息管理岗位，信息技术负责人和信息安全负责人不能由同一人兼任，对重要业务环节实行双人双岗
岗位分离制度	实行信息技术开发、运营维护、业务操作等人员岗位分离制度，限制信息技术开发、运营维护等技术人员介入实际的业务操作

考点 4　基金客户服务的提供方式

（1）电话服务中心。

（2）邮寄服务。

（3）自动传真、电子信箱与手机短信。

（4）“一对一”专人服务。

（5）互联网的应用。

（6）媒体和宣传手册的应用。

（7）讲座、推介会和座谈会。

【真题回顾】

1. 对于基金客户的档案数据，应当(　　)。

A. 逐日备份并本地妥善存放　　B. 逐月备份并异地妥善存放

C. 逐日备份并异地妥善存放　　D. 实时备份并本地妥善存放

【答案】 C

【解析】 本题考核的是基金客户档案数据的保存。基金客户的档案数据，应逐日备份并异地妥善存放。

2. 客户服务部门提供并优化客户服务的方式不包括(　　)。

A. 电话服务中心　　B. “一对一”专人服务

C. 客户情绪体验　　D. 互联网的应用

【答案】 C

【解析】 本题考核的是基金客户服务的提供方式。包括：①电话服务中心；②邮寄服务；③自动传真、电子信箱与手机短信；④“一对一”专人服务；⑤互联网的应用；⑥媒体和宣传手册的应用；⑦讲座、推介会和座谈会。

【典型习题】

1. 下列关于基金客户服务宣传与推介的手段，错误的是(　　)。

A. 未公开出版资料　　B. 电视

C. 互联网　　D. 广播

2. 基金客户身份资料自业务关系结束当年计起至少保存(　　)年，交易记录自交易记账当年记起至少保存(　　)年。

A. 5；5　　B. 10；10

C. 10；15　　D. 15；15

【参考答案】

1. A　　2. D

第三节　投资者教育工作

【教材解读】

考点 1　投资者教育的基本原则与内容（表 10—5）

表 10—5　投资者教育的基本原则与内容

项　　目	内　　容
基本原则	（1）投资者教育应有助于监管者保护投资者。 （2）投资者教育不应被视为是对市场参与者监管工作的替代。 （3）证券经营机构应承担各项产品和服务的投资者教育义务，将投资者教育纳入各业务环节。 （4）投资者教育没有固定的模式。 （5）不存在广泛适用的投资者教育计划。 （6）投资者教育不能也不应等同于投资咨询
投资者教育的内容	（1）投资决策教育：指导投资者分析投资问题、获得必要信息、进行理性选择的同时，致力于改善投资者决策条件中的某些变量。 （2）资产配置教育。 （3）权益保护教育：针对投资者进行的风险教育、风险提示以及为投资者维权提供的有关服务。 上述三者相辅相成，缺一不可

考点 2　投资者教育工作的形式（表 10—6）

表 10—6　投资者教育工作的形式

分类依据	类　　型	内　　容
宣传介质	纸质形式	传统的报纸、杂志以及印刷的基金宣传材料等
	电子形式	依托现代互联网技术。 电子形式比纸质形式更具有吸引力
时空角度	现场	包括基金业协会及基金公司组织的报告会、专题讨论会、行业主题沙龙活动等形式。 现场的互动交流是该教育工作形式的特色所在
	非现场	除现场形式以外的各种宣传教育形式

【真题回顾】

1. 下列关于基金投资者教育工作基本原则的表述，正确的是（　　）。

A. 存在广泛适用的投资者教育计划

B. 投资者教育应采取固定的模式

C. 投资者教育不可替代市场参与者的监管工作

D. 投资咨询等同于投资者教育

【答案】C

【解析】本题考核的是投资者教育的基本原则。并不存在广泛适用的投资者教育计划，A 选项错误。投资者教育没有一个固定的模式，B 选项错误。投资者教育不应被视为是对市场参与者监管工作的替代，C 选项正确。投资者教育不能也不应等同于投资咨询，D 选项错误。

2. 基金投资者教育活动的内容不包括(　　)。

A. 风险教育　　　　B. 投资咨询

C. 风险提示　　　　D. 投资者维权

【答案】B

【解析】本题考核的是投资者教育的内容。包括：投资决策教育、资产配置教育、权益保护教育。风险教育、风险提示以及为投资者维权属于权益保护教育的内容。

3. 下列关于投资者教育工作形式的说法，错误的是(　　)。

A. 投资者现场教育工作形式的特色在于现场的互动交流

B. 非现场形式包括基金业协会及基金公司组织的行业主题沙龙活动

C. 电子形式相比纸质形式的投资者教育方式更具有吸引力

D. 电子形式的投资者教育工作主要依托现代互联网技术

【答案】B

【解析】本题考核的是投资者教育工作的形式。C 选项错误在于：非现场形式主要是除现场形式以外的各种宣传教育形式，基金业协会及基金公司组织的行业主题沙龙活动属于现场的投资者教育工作形式。

【典型习题】

下列关于基金投资者教育基本原则的表述，错误的是（　　）。

A. 投资者教育可被视为是对市场参与者监管工作的替代

B. 投资者教育没有固定模式

C. 不存在广泛适用的投资者教育计划

D. 投资者教育不能等同于投资咨询

【参考答案】A

第 11 章　基金管理人的内部控制

【知识结构框架】

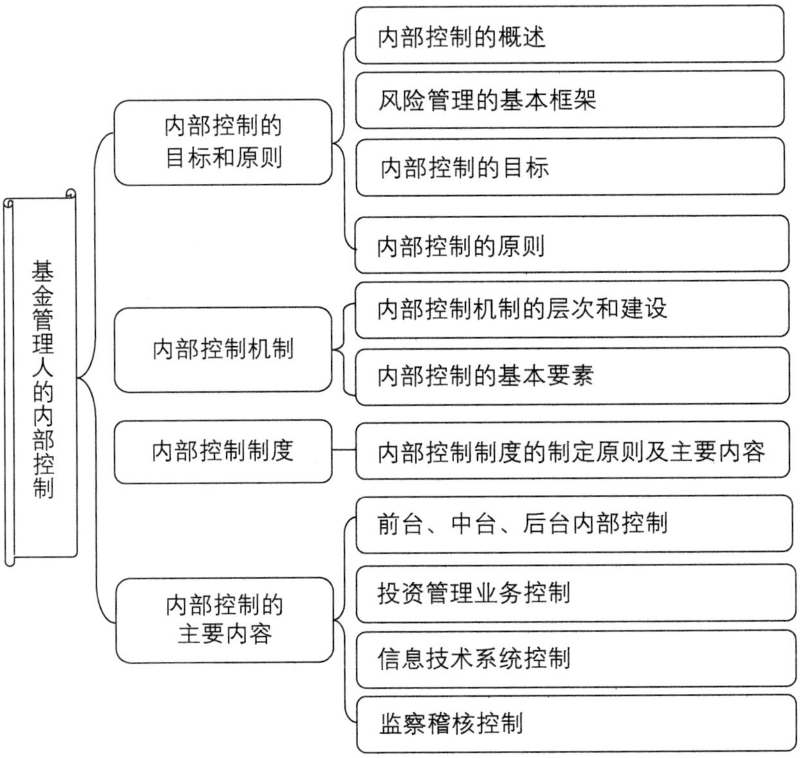

第一节　内部控制的目标和原则

【教材解读】

考点 1　内部控制的概述（表 11－1）

表 11－1　内部控制的概述

项　　目	内　　容
基金持有人与基金管理人之间的关系	信托关系

续表

项　　目	内　　容
信息不对称的作用	信息不对称是市场存在的基础。 此时会发生道德风险和逆向选择。对于此种问题，解决的主要手段就是加强基金管理人的内部控制机制建设

考点 2　风险管理的基本框架（表 11—2）

表 11—2　　风险管理的基本框架

构成要素	内　　容
内部环境	作为其他所有风险管理要素的基础，为其他要素提供规则和结构
目标设定	提供给企业管理层一个适当的过程
事项识别	辨别可能对基金管理人目标产生影响的所有重要情况或事项
风险评估	识别和分析与实现目标相关风险，为确定管理风险奠定基础
风险应对	风险应对是企业风险管理的整体重要组成部分。风险应对措施包括：回避、接受、共担、降低等
控制活动	包括在公司内部使用的审核、批准、授权、确认以及对经营绩效考核、资产安全管理、不相容职务分离等
信息与沟通	风险管理的重要组成部分
行为监控	包括：基金管理人的经理层和监控人员的活动

考点 3　内部控制的目标（表 11—3）

表 11—3　　内部控制的目标

目　　标	内　　容
保证公司经营运作严格遵守国家有关法律法规和行业监管规则，自觉形成守法经营、规范运作的经营思想和经营理念	直接促进组织目标的实现，所有的组织活动和控制行为必须以促进实现组织的最高目标为依据
防范和化解经营风险，提高经营管理效益，确保经营业务的稳健运行和受托资产的安全完整，实现公司的持续、稳定、健康发展	内部控制的目标是在一定的范围内降低或消除经营风险，提高基金管理人的经营效益。 风险有外部风险和内部风险。 （1）外部风险：法律法规、经济、社会、文化与自然等。 （2）内部风险：决策失误、执行不力、操作风险等
确保基金和基金管理人的财务和其他信息真实、准确、完整、及时	内部控制必须与确保信息收集、处理和报告正确性的控制相联系

考点4　内部控制的原则（表11—4）

表11—4　内部控制的原则

原　　则	内　　容
健全性	内部控制应包括公司的各项业务、各个部门（或机构）和各级人员，并涵盖决策、执行、监督、反馈等各环节
有效性	（1）基金管理人所实施的内部控制政策与措施，是否适应基金监管的法律法规要求。 （2）基金管理人内部控制在设计完整、合理的前提下，在基金管理的运作过程中，能够得到持续的贯彻执行并发挥作用，为实现提高公司经营效率、财务信息的可靠性和法律法规的遵守提供合理保证
独立性	基金管理人各机构、部门和岗位职责应保持相对独立，基金资产、自有资产、其他资产的运作应分离。 岗位职责主要解决不相容职务的分离。设置岗位时必须考虑： （1）授权岗位和执行岗位的分离； （2）执行岗位和审核岗位的分离； （3）保管岗位和记账岗位的分离等
相互制约	基金管理人内部部门和岗位的设置应当权责分明、相互制衡
成本效益	运用科学化的经营管理方法降低运作成本，提高经济效益，以合理的控制成本达到最佳效果

【真题回顾】

1. 在证券市场交易中，（　　）是市场存在的基础。

A. 信息不对称　　B. 道德风险

C. 经济的发展　　D. 价格预期

【答案】A

【解析】本题考核的是市场存在的基础依据。证券市场交易中，市场存在的基础是信息不对称。

2. 企业风险管理基本框架中，（　　）是其他所有风险管理要素的基础。

A. 事项识别　　B. 内部环境

C. 目标设定　　D. 风险评估

【答案】B

【解析】本题考核的是内部环境的作用。基金管理人的内部环境的作用在于是其他所有风险管理要素的基础。

3. 根据企业风险管理基本框架八个方面的内容，基金管理人要求公司基金经理与特定资产管理业务的投资经理不得相互兼任，是出于（　　）考虑。

A. 行为监控中的特定人员分别管理

B. 事项识别中的不同管理事项的分类

C. 控制活动中的不相容职务分离

D. 内部环境中经营理念和经营风格

【答案】C

【解析】本题考核的是不相容职务分离的表现。控制活动包括在公司内部使用的审核、批准、授权、确认以及对经营绩效考核、资产安全管理、不相容职务分离等方法。

4. 下列属于内部风险的是(　　)。

A. 决策失误　　B. 经济

C. 文化　　D. 法律法规

【答案】A

【解析】本题考核的是内部风险的内容。包括：决策失误、执行不力、操作风险等。B、C、D 选项属于外部风险。

5. 某基金管理公司在新股申购过程中因未遵守市值申购的原则导致申购失败，事后进行原因分析时发现公司新股申购制度在法规发生变化后未及时更新。该事件反映该公司在内部控制方面违背了(　　)原则。

A. 健全性　　B. 相互制约

C. 有效性　　D. 独立性

【答案】C

【解析】本题考核的是内部控制的有效性原则。有效性原则在于：基金管理人所实施的内部控制政策与措施能否适应基金监管的法律法规要求。

6. 某基金公司的财务人员休产假，为控制人力成本，公司安排基金会计兼职从事公司财务清算工作。按照内控要求，下列描述正确的是(　　)。

A. 体现了成本效益原则　　B. 体现了有效性原则

C. 违反了效率性原则　　D. 违反了独立性原则

【答案】D

【解析】本题考核的是内部控制的独立性原则。内部控制的独立性就在于基金管理人各机构、部门和岗位职责应保持相对独立。基金会计兼职财务清算工作，违反了这一原则。

7. 下列不属于内部控制原则的是(　　)。

A. 相互制约　　B. 独立性

C. 健全性　　D. 客观性

【答案】D

【解析】本题考核的是内部控制的原则。包括：健全性原则、有效性原则、独立性原则、相互制约原则、成本效益原则。

【典型习题】

1. 解决基金管理人发生道德风险和逆向选择问题的主要手段是(　　)。

A. 加大监管力度　　B. 加强基金管理人的内部控制机制建设

C. 加强从业人员教育　　D. 制定监管法规

2. 企业风险管理基本框架不包括(　　)。

A. 目标设定　　B. 内部环境

C. 事项识别　　D. 管理结构

3. 企业风险管理整体重要组成部分是(　　)。

A. 事项识别　　B. 风险评估

C. 风险应对　　D. 行为监控

4. 内部控制的目标是在一定范围内(　　)经营风险。

A. 避免　　B. 转移

C. 控制　　D. 降低或消除

5. 内部控制应当包括公司的各项业务、各个部门和各级人员，并涵盖到决策、执行、监督、反馈等各个环节，这体现了其(　　)的原则。

A. 全面性　　B. 相互制约

C. 健全性　　D. 独立性

6. 基金公司各机构、部门、岗位职责保持相对独立，基金资产、自有资产、其他资产的运作应当分离，此举目的在于体现内部控制的(　　)原则。

A. 独立性　　B. 相互制约

C. 有效性　　D. 健全性

【参考答案】

1. B　　2. D　　3. C　　4. D　　5. C　　6. A

第二节　内部控制机制

【教材解读】

考点 1　内部控制机制的层次和建设（表 11—5）

表 11—5　　内部控制机制的层次和建设

项　目	内　容
层次	包括： (1) 员工自律； (2) 各部门主管（包括监察稽核）的检查监督； (3) 公司管理层对人员和业务的监督控制； (4) 董事会或者其领导下的专门委员会的检查、监督、控制和指导
内部控制机制建设	加强下列方面的建设： (1) 设置内部控制机构：不能重眼前商业利润、不注重专职内部控制机构建立的偏向。

续表

项　　目	内　　容
内部控制机制建设	(2) 建立内部控制制度：不能重内部管理制度建立、不注重内部核心部门“防火墙”制度建立的偏向。 (3) 执行内部控制制度：不能重非经常性发生事项控制、不注重经常性发生事项控制的偏向。 (4) 监督内部控制：不能重程序监督、不注重对“内部人”监督的偏向

考点 2　内部控制的基本要素（表 11－6）

表 11－6　内部控制的基本要素

基本要素	内　　容
控制环境	控制环境是构成公司内部控制的基础，内容包括：经营理念和内控文化、公司治理结构、组织结构、员工道德素质等。 公司督察长和内部监察稽核部门独立于其他部门，对内部控制制度的执行情况实行严格的检查和反馈
风险评估	对公司内部、外部风险进行识别、评估和分析，及时防范、化解风险
控制活动	通过授权控制来控制业务活动的运作。 公司应建立完善的资产分离制度，基金资产与公司资产、不同基金的资产和其他委托资产要实行独立运作，分别核算。 公司应当建立科学、严格的岗位分离制度，明确划分各岗位职责，投资和交易、交易和清算、基金会计和公司会计等重要岗位不得有人员的重叠，重要业务部门和岗位应进行物理隔离
信息沟通	基金管理人应当维护信息沟通渠道的畅通，建立清晰的报告系统
内部监控	基金管理人应建立有效的内部监控制度，设置督察长和独立的监察稽核部门，对公司内部控制制度的执行情况进行持续的监督，保证内部控制制度落实

【真题回顾】

1. 基金管理人内部控制机制建设应当加强的方面，不包括（　　）。

A. 建立内部控制制度　　　　B. 设置内部控制机构

C. 营造内部控制环境　　　　D. 执行内部控制制度

【答案】 C

【解析】 本题考核的是基金管理人内部控制机制的建设。需加强的方面包括：设置内部控制机构、建立内部控制制度、执行内部控制制度、监督内部控制。

2. 下列属于基金管理人内部控制基本要素的是（　　）。

A. 内部监控　　B. 控制活动

C. 控制环境　　D. 以上说法都正确

【答案】 D

【解析】 本题考核的是内部控制的基本要素。包括：控制环境、风险评估、控制活动、信息沟通和内部监控。

3. 控制环境是构成公司内部控制的基础，良好的控制环境有利于公司制度的有效执行，下列不属于内部控制环境内容的是（　　）。

A. 公司治理结构　　B. 员工道德素质

C. 公司技术系统　　D. 经营理念和内控文化

【答案】 C

【解析】 本题考核的是内部控制的环境内容。包括：经营理念和内控文化、公司治理结构、组织结构、员工道德素质等。

4.（　　）和（　　）独立于其他部门，对内部控制制度的执行情况实行严格检查和反馈。

A. 公司督察长；独立董事

B. 独立董事；内部监察稽核部门

C. 公司督察长；内部监察稽核部门

D. 理事长；内部监察稽核部门

【答案】 C

【解析】 本题考核的是公司督察长和内部监察稽核部门的设立。公司督察长和内部监察稽核部门独立于其他部门，对内部控制制度的执行情况进行检查和反馈。

5. 基金管理人应当建立清晰的报告系统，体现了内部控制中（　　）的重要性。

A. 控制环境　　B. 内幕监控

C. 控制活动　　D. 信息沟通

【答案】 D

【解析】 本题考核的是内部控制中信息沟通的重要性。内部控制中信息沟通的重要性体现在：基金管理人应当维护信息沟通渠道的畅通，建立清晰的报告系统。

【典型习题】

1. 对公司内部控制制度的执行情况进行持续的监督的是（　　）。

A. 总经理　　B. 独立董事

C. 公司督察长　　D. 理事长

2. 基金管理人内部控制的基本要素不包括（　　）。

A. 目标设定　　B. 控制活动

C. 控制环境　　D. 风险评估

3. 下列属于内部控制环境内容的是（　　）。

A. 岗位职责　　B. 公司治理结构

C. 战略方向　　D. 经营方针

4. 基金公司内部控制的基础是(　　)。

A. 内部监控　　　　B. 控制活动

C. 信息沟通　　　　D. 控制环境

【参考答案】

1. C　　2. A　　3. B　　4. D

第三节　内部控制制度

【教材解读】

考点　内部控制制度的制定原则及主要内容（表 11－7）

表 11－7　　内部控制制度的制定原则及主要内容

项目		内容
制定原则		（1）合法、合规性原则。 （2）全面性原则。 （3）审慎性原则：核心在于风险控制，以审慎经营、防范和化解风险为出发点。 （4）适时性原则：随有关法律法规的调整和公司经营战略、经营方针、经营理念等内外部环境的变化及时进行修改或完善
主要内容	内部控制大纲	包括：内控目标、内控原则、控制环境、内控措施等内容
	基本管理制度	至少包括：风险控制、投资管理、基金会计、信息披露、监察稽核、信息技术管理、公司财务、资料档案管理、业绩评估考核和紧急应变等
	部门业务规章	在基本管理制度的基础上，对各部门的主要职责、岗位设置、岗位责任、操作守则等作具体说明
	业务操作手册	在基金管理人确定相关业务基础上，对业务性质、种类以及相关的管理规定和操作流程及要求进行明确说明

【典型习题】

1. 基金管理人制定内部控制制度的原则不包括(　　)。

A. 全面性原则　　　　B. 有效性原则

C. 审慎性原则　　　　D. 适时性原则

2. 部门业务规章是在(　　)的基础上，对各部门的主要职责、岗位设置、岗位责任、操作守则等的具体说明。

A. 内控大纲　　　　B. 业务操作手册

C. 基本管理制度　　　　D. 风险应对

3．内部控制制度的制定应当随着有关法律法规的调整和公司经营战略、经营方针、经营理念等内外部环境的变化进行及时的修改或完善，这体现了（　　）原则。

A．适时性　　B．有效性

C．审慎性　　D．全面性

4．制定内部控制制度应当以（　　）为出发点。

A．审慎经营　　B．防范风险

C．化解风险　　D．以上选项都正确

【参考答案】

1．B　　2．C　　3．A　　4．D

第四节　内部控制的主要内容

【教材解读】

考点1　前台、中台、后台内部控制（表11—8）

表11—8　　前台、中台、后台内部控制

项目	部门构成	职责	目标
前台部门	与客户直接接触的行政前台、投资、研究、销售等	为客户提供综合服务	客户满意度最大化
中台部门	市场营销、风险控制、财务部、监察稽核和产品研发部门	为公司前台部门提供支持	保障公司为客户提供服务的持续性
后台部门	行政管理、人事部、清算、信息技术等	为前、中台部门提供支持	保证基金管理人战略的实施与效果

考点2　投资管理业务控制（表11—9）

表11—9　　投资管理业务控制

项　目	内　容
研究业务控制	（1）建立投资对象备选库制度。 （2）建立研究与投资的业务交流制度。 （3）建立研究报告质量评价体系
投资决策业务控制	（1）健全投资决策授权制度，明确界定投资权限，严格遵守投资限制，防止越权决策。

续表

项　　目	内　　容
投资决策业务控制	（2）建立投资风险评估与管理制度，在设定的风险权限额度内进行投资决策。 （3）建立科学的投资管理业绩评价体系，包括投资组合情况、是否符合基金产品特征和决策程序、基金绩效分析等内容
基金交易业务控制	（1）基金交易应实行集中交易制度，基金经理不得直接向交易员下达投资指令或者直接进行交易。 （2）公司应当建立交易监测系统、预警系统和交易反馈系统。 （3）公司应当执行公平的交易分配制度。 （4）建立完善的交易记录制度，每日投资组合列表等应当及时核对并存档保管

考点 3　信息技术系统控制（表 11—10）

表 11—10　信息技术系统控制

项　　目	内　　容
业务电子化的实现	实现业务电子化时，应设置保密系统和相应控制机制，并保证计算机系统的可稽性；信息技术系统投入运行前，应经过业务、运营、监察稽核等部门的联合验收
管理措施	包括：授权制度、岗位责任制度、门禁制度、内外网分离制度等
电子信息数据的保存及备份	基金管理人应建立电子信息数据的即时保存和备份制度，重要数据应异地备份且长期保存

考点 4　监察稽核控制（表 11—11）

表 11—11　监察稽核控制

项　　目	内　　容
监察稽核部门的设立	对公司经营层负责，开展监察稽核工作，公司应保证监察稽核部门的独立性和权威性
督察长的设立	基金管理人应设立督察长，对董事会负责，经董事会聘任，报证券监督管理机构核准。 督察长根据公司监察稽核工作的需要和董事会授权，可列席公司相关会议，调阅公司相关档案，就内部控制制度的执行情况独立地履行检查、评价、报告、建议职能

【真题回顾】

1. 下列属于中台部门的是（　　）。

A. 清算部　　B. 信息技术部

C. 监察稽核部　　D. 以上选项都正确

【答案】C

【解析】本题考核的是中台部门的构成。中台部门包括：市场营销、风险控制、财务部、监察稽核和产品研发部门。A、B选项属于后台部门。

2. 下列属于后台部门的是(　　)。

A. 行政管理部　　B. 人事部

C. 清算部　　D. 以上选项都正确

【答案】D

【解析】本题考核的是后台部门的构成。包括：行政管理、人事部、清算、信息技术等部门。

3. 在进行投资决策业务控制时，应建立(　　)，在设定的风险权限额度内进行投资决策。

A. 投资决策授权制度　　B. 投资风险评估与管理制度

C. 业务交流制度　　D. 实质性审查制度

【答案】B

【解析】本题考核的是投资决策业务控制的主要内容。包括：建立投资风险评估与管理制度，在设定的风险权限额度内进行投资决策。

4. 基金交易应实行(　　)，基金经理不得直接向交易员下达投资指令或者直接进行交易。

A. 投资对象备选库制度　　B. 投资决策授权制度

C. 审查制度　　D. 集中交易制度

【答案】D

【解析】本题考核的是基金交易的制度。基金交易应实行集中交易制度，基金经理不得直接向交易员下达投资指令或直接进行交易。

5. 基金管理人应建立电子信息数据的(　　)和备份制度，重要数据应当(　　)并且长期保存。

A. 即时保存；本地备份　　B. 即时保存；异地备份

C. 定期保存；异地备份　　D. 定期保存；本地备份

【答案】B

【解析】本题考核的是电子信息数据的保存及备份。基金管理人应建立电子信息数据的即时保存和备份制度，重要数据应异地备份且长期保存。

6. 基金管理公司应当设立督察长，对(　　)负责，经(　　)聘任，报证券监督管理机构核准。

A. 董事会；董事会　　B. 理事会；董事会

C. 总经理；董事会　　D. 董事会；股东大会

【答案】A

【解析】本题考核的是督察长的设立。基金管理人应当设立督察长，对董事会负责，经董事会聘任，报证券监督管理机构核准。

7. 根据公司监察稽核工作的需要和董事会授权，督察长可以(　　)。

A. 兼任其他基金公司董事会成员　　B. 兼任公司理事

C. 任免公司总经理　　D. 列席公司相关会议

【答案】 D

【解析】 本题考核的是督察长的权利范围。包括：列席公司相关会议，调阅公司相关档案，对内部控制制度的执行情况独立履行检查、评价、报告、建议职能。

【典型习题】

1. 下列属于中台部门的是(　　)。

A. 市场营销部门　　B. 风险控制部门

C. 产品研发部门　　D. 以上选项都正确

2. 目标是保证基金管理人战略的实施与效果的部门是(　　)。

A. 前台　　B. 后台

C. 中台　　D. 以上选项都正确

3. 内部控制的投资管理业绩评价体系的内容包括(　　)。

A. 投资权限　　B. 投资策略

C. 投资组合情况　　D. 投资范围

4. 基金交易应实行集中交易制度，(　　)不得直接向交易员下达投资指令或者直接进行交易。

A. 管理层　　B. 基金经理

C. 督察长　　D. 董事会

【参考答案】

1. D　2. B　3. C　4. B

第 12 章　基金管理人的合规管理

【知识结构框架】

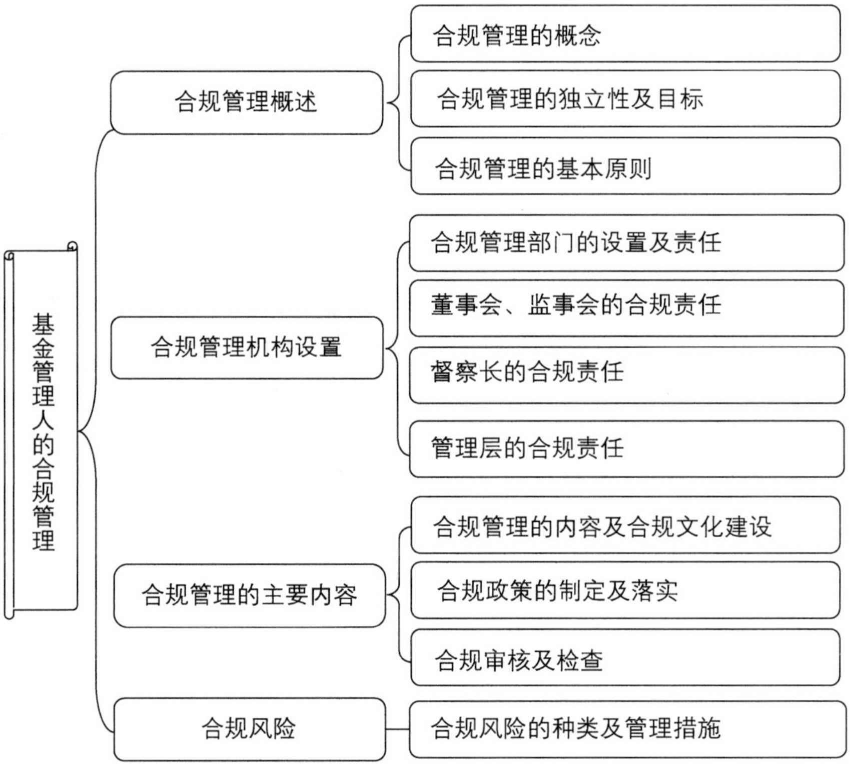

第一节　合规管理概述

【教材解读】

考点 1　合规管理的概念（表 12－1）

表 12－1　　合规管理的概念

项　目	内　容
合规	与“违规”相对应，指基金管理人的经营管理活动与法律、规则和准则一致
合规管理	合规管理是一种风险管理活动，是对业务活动是否遵守法律、监管规定、规则、行业自律准则等的一种鉴证行为

续表

项　　目	内　　容
合规风险	指因未能遵循法律法规、监管规定、规则、自律性组织制定的有关准则，以及适用于自身业务活动的行为准则而可能遭受法律制裁或监管处罚、重大财务损失或声誉损失的风险
相关规则	（1）立法机关和证监会发布的基本法律规则。 （2）基金业协会和证券业协会等自律性组织制定的适用于全行业的规范、标准、惯例等。 （3）公司章程和企业的各种内部规章制度以及应当遵守的诚实、守信的职业道德

考点 2　合规管理的独立性及目标（表 12－2）

表 12－2　　合规管理的独立性及目标

项　　目	内　　容
独立性	基金管理人的合规管理应在体制机制、组织架构、人力资源、管理流程等多方面独立于内部其他风险部门、业务部门、内部审计部门等。 合规独立性，包括：部门、机制和问责等独立性，其中合规部门的独立性最重要。 合规管理部门的独立，直接关系到合规风险能否有效揭示
合规管理的目标	合规管理的目标，是建立健全基金管理人合规风险管理体系，实现对合规风险的有效识别和管理，促进基金管理人全面风险管理体系的建设，确保基金管理人依法合规经营。 基金管理人应建立良好的内部治理结构，明确股东会、董事会、监事会和高级管理人员的职责权限，确保基金管理人各部门的合规运作

考点 3　合规管理的基本原则（表 12－3）

表 12－3　　合规管理的基本原则

基本原则	内　　容
独立性原则	合规部门和督察长在基金公司组织体系中应有独立地位，合规管理应独立于其他各项业务经营活动。 独立性原则真正起牵制制约的作用，是合规管理的关键性原则
客观性原则	合规人员应依照相关法规对违规事实进行客观评价
公正性原则	合规人员在对业务部门进行核查时，应当坚持统一标准来对违规行为风险进行评估和报告
专业性原则	合规人员应当熟悉业务制度，了解基金管理人各种业务的运作流程，并准确理解和把握法律法规的规定和变动趋势

续表

基本原则	内　容
协调性原则	合规人员应当正确处理与公司其他部门及监管部门的关系，努力形成公司的合规合力，避免内部消耗

【真题回顾】

1. 下列选项中，属于基金管理人进行合规管理时应当遵循的有关准则的是(　　)。

A. 基金业协会和证券业协会等自律性组织制定的适合用于全行业的规范、标准、惯例等

B. 立法机关和证监会发布的基本法律规则

C. 公司章程和企业的各种内部规章制度以及应当遵守的诚实、守信的职业道德

D. 以上说法都正确

【答案】 D

【解析】 本题考核的是合规管理应遵循的准则。包括：立法机关和证监会发布的基本法律规则；基金业协会和证券业协会等自律性组织制定的适用于全行业的规范、标准、惯例等；公司章程和企业的各种内部规章制度以及应当遵守的诚实、守信的职业道德。故 A、B、C 选项均正确。

2. 合规独立性中，最重要的是(　　)。

A. 以下都正确　　B. 机制独立性

C. 问责独立性　　D. 部门独立性

【答案】 D

【解析】 本题考核的是合规独立性的要求。包括：部门、机制和问责等独立性，其中合规部门的独立性最重要。

3. 下列关于合规管理目标的说法，正确的是(　　)。

A. 建立健全基金管理人合规风险管理体系

B. 实现对合规风险的有效识别和管理

C. 确保基金管理人依法合规经营

D. 以上说法都正确

【答案】 D

【解析】 本题考核的是基金管理人合规管理目标的要求。合规管理目标建立健全基金管理人合规风险管理体系，实现对合规风险的有效识别和管理，促进基金管理人全面风险管理体系的建设，确保基金管理人依法合规经营。故 A、B、C 选项均正确。

4. 下列属于合规管理基本原则的是(　　)。

A. 独立性　　B. 健全性

C. 规范性　　D. 全面性

【答案】 A

【解析】 本题考核的是合规管理的基本原则。包括：独立性原则、客观性原则、公

正性原则、专业性原则、协调性原则。

【典型习题】

1. 合规独立性是指(　　)的合规管理应当在体制机制、组织架构、人力资源等多方面独立于内部其他风险部门、业务部门、内部审计部门等。

A. 基金管理人　　B. 基金公司

C. 基金托管人　　D. 基金销售部门

2. 合规独立性不包括(　　)。

A. 部门独立性　　B. 机制独立性

C. 问责独立性　　D. 文件独立性

3. 合规人员在对业务部门进行核查时，应当坚持统一标准来对违规行为风险进行评估和报告，此举体现的原则是(　　)。

A. 专业性　　B. 公正性

C. 独立性　　D. 客观性

4. 基金管理人应建立良好的内部治理结构，明确(　　)的职责权限，确保基金管理人各部门的合规运作。

A. 以下都正确　　B. 股东会

C. 高级管理人员　　D. 董事会

【参考答案】

1. A　2. D　3. B　4. A

第二节　合规管理机构设置

【教材解读】

考点 1　合规管理部门的设置及责任（表 12－4）

表 12－4　合规管理部门的设置及责任

项　目	内　容
设置	根据基金管理人的实际情况设置。 合规管理部门对总经理负责，应在督察长的管理下协助高级管理层有效识别和管理所面临的合规风险。 基金管理人在董事会和管理层会设立专门风险控制委员会，安排督察长分管合规管理部的工作
责任	(1) 制定并执行风险为本的合规管理计划。 (2) 协助相关培训和教育部门对员工进行合规培训。 (3) 积极主动地识别和评估与基金管理人经营活动相关的合规风险。

续表

项　　目	内　　容
责任	（4）收集、筛选可能预示潜在合规问题的数据。 （5）实施充分且有代表性的合规风险评估和测试。 （6）保持与监管机构日常的工作联系，跟踪和评估监管意见和监管要求的落实情况等

考点2　董事会、监事会的合规责任（表12—5）

表12—5　董事会、监事会的合规责任

部门名称	设立部门	合规责任
董事会	基金管理人董事会可下设合规与风险管理委员会。 基金管理人董事会负责公司整体风险的预防和控制，审核、监督公司风险控制制度的有效执行。 董事会对公司的合规管理承担最终责任	（1）审议批准合规政策，监督合规政策的实施，并对实施情况进行年度评估。 （2）审议批准公司年度合规报告，对年度合规报告中反映的问题，采取措施解决。 （3）根据总经理提名决定合规负责人的聘任、解聘及薪酬事项。 （4）决定公司合规管理部门的设置及其职能。 （5）保证合规负责人独立与董事会、董事会相关委员会，如审计委员会或者其他专业委员会沟通。 （6）公司章程规定的其他合规责任
监事会	基金管理人设立监事会。 监事会向股东会负责	（1）通知业务机构停止其违法行为。 （2）随时调查公司的财务状况，审查账册文件，并有权要求董事会向其提供情况。 （3）审核董事会编制的提供给股东会的各种报表，并将审核意见向股东会报告。 （4）监事会认为有必要时（公司出现重大问题），可提议召开股东会。 （5）监事会依法行使的职权，包括： ①检查公司的财务； ②对公司董事、总经理和其他高级管理人员执行公司职务时违反法律、行政法规或者公司章程的行为进行监督； ③当公司董事、总经理和其他高级管理人员的行为损害公司的利益时，要求前述人员予以纠正； ④提议召开临时股东会； ⑤列席董事会会议； ⑥公司章程规定的其他职权。 监事会每年至少召开一次会议，应由全体监事出席时方可举行，每名监事有一票表决权。监事会决议至少须经半数以上监事投票通过

考点 3　督察长的合规责任（表 12—6）

表 12—6　　督察长的合规责任

项　　目	内　　容
职责范围	负责组织指导公司监察稽核工作，履行职责的范围应涵盖基金及公司运作的所有业务环节
注意事项	（1）基金销售是否遵守法律法规、基金合同和招募说明书的规定，是否存在误导、欺诈投资人和不正当竞争等违法违规行为。 （2）基金投资是否符合法律法规和基金合同的规定，是否遵守公司制定的投资业务流程等相关制度，是否存在内幕交易、操纵市场等违法行为以及不正当关联交易、利益输送和不公平对待不同投资人的行为。 （3）基金及公司的信息披露是否真实、准确、完整、及时，是否存在虚假记载、误导性陈述或者重大遗漏等问题。 （4）基金运营是否安全，信息技术系统运行是否稳定，客户资料和交易数据是否做到备份和有效保存，是否出现延时交易、数据遗失等情况。 （5）公司资产是否安全、完整，是否出现被抽逃、挪用、违规担保、冻结等情况
违法违规行为的处理	发现基金和公司运作中有违法违规行为的，督察长应及时予以制止，遇重大问题应报告中国证监会及相关派出机构
工作报告的报送	督察长应定期或不定期向全体董事报送工作报告，并在董事会及董事会下设的相关专门委员会定期会议上报告基金及公司运作的合法合规情况及公司内部风险控制情况
权利	督察长享有充分的知情权和独立的调查权；根据履行职责的需要，有权参加或列席公司董事会以及公司业务、投资决策、风险管理等相关会议，调阅公司相关文件、档案。 发现基金及公司运作中存在问题时，应及时告知公司总经理和相关业务负责人，提出处理意见和整改建议，并监督整改措施的制定和落实；基金公司总经理对存在问题不整改或整改未达到要求的，督察长应向公司董事会、中国证监会及相关派出机构报告

考点 4　管理层的合规责任（表 12—7）

表 12—7　　管理层的合规责任

项　　目	合规责任
经理层人员	（1）符合法律、行政法规和中国证监会规定的条件，取得中国证监会核准的任职资格。 （2）在其职权范围内对公司经营活动进行独立、自主决策，不受他人干预，不得将其经营管理权让渡给股东或者其他机构和人员。

续表

项　　目	合规责任
经理层人员	（3）应公平对待所有股东，不得接受任何股东及其实际控制人超越股东会、董事会的指示，不得偏向于任何一方股东。 （4）对于股东虚假出资、抽逃或变相抽逃出资、以任何形式占有或者转移公司资产等行为以及为股东提供融资或者担保等不当要求，应予以抵制，并立即向中国证监会及相关派出机构报告
总经理	负责公司日常经营管理工作

【真题回顾】

1. 基金管理人在董事会和管理层会设立专门的风险控制委员会，安排(　　)分管合规管理部的工作。

A. 独立董事　　B. 总经理

C. 基金经理　　D. 督察长

【答案】 D

【解析】 本题考核的是督察长的职责。基金管理人在董事会和管理层会设立专门的风险控制委员会，安排督察长来分管合规管理部的工作。

2. 合规管理部门对(　　)负责。

A. 总经理　　B. 董事会

C. 督察长　　D. 监事会

【答案】 A

【解析】 本题考核的是合规管理部门的职责。合规管理部门是负责基金公司合规工作的具体组织和执行部门，对总经理负责。

3. 下列关于董事会应当履行的合规职责的说法，错误的是(　　)。

A. 审议批准合规政策，监督合规政策的实施，并对实施情况进行年度评估

B. 决定公司合规管理部门的设置及其职能

C. 根据总经理提名决定合规负责人的聘任、解聘及薪酬事项

D. 制定并执行风险为本的合规管理计划，包括特定政策和程序的实施与评价、合规风险评估、合规性测试与教育等

【答案】 D

【解析】 本题考核的是董事会的合规职责。D选项属于合规管理部门的职责。

4. 基金管理人董事会可以下设(　　)，负责对公司经营管理与基金运作的风险控制及合法合规性进行审议、监督和检查，草拟公司风险管理战略，评估公司风险管理状况。

A. 风险管理部　　B. 合规与风险管理委员会

C. 合规管理部　　D. 合规与风险控制部

【答案】 B

【解析】本题考核的是合规与风险管理委员会的设立。基金管理人董事会可下设合规与风险管理委员会。

5. 下列关于监事会应当履行的合规职责的说法，错误的是(　　)。

A. 通知业务机构停止其违法行为

B. 保持与监管机构日常的工作联系，跟踪和评估监管意见和监管要求的落实情况

C. 随时调查公司的财务状况，审查账册文件，并有权要求董事会向其提供情况

D. 审核董事会编制的提供给股东会的各种报表，并把审核意见向股东会报告

【答案】B

【解析】本题考核的是监事会的职责。B 选项属于合规管理部门的职责。

6. 基金管理人设监事会，监事会向(　　)负责。

A. 股东会　　　　B. 管理层

C. 董事长　　　　D. 董事会

【答案】A

【解析】本题考核的是监事会的责任。监事会由基金管理人设立，向股东会负责。

7. 下列关于督察长的合规责任的表述，错误的是(　　)。

A. 督察长享有充分的知情权

B. 督察长应当定期或者不定期向全体董事报送工作报告

C. 督察长经董事会和总经理批准后可以享有调查权，可以调阅公司相关文件、档案

D. 督察长负责组织指导公司监察稽核工作

【答案】C

【解析】本题考核的是督察长的合规责任。C 选项错误在于：督察长根据履行职责的需要，有权参加或者列席公司董事会以及公司业务、投资决策、风险管理等相关会议，有权调阅公司相关文件、档案，无需经董事会和总经理批准。

8. 下列关于管理层合规责任的说法，错误的是(　　)。

A. 公平对待所有股东

B. 对于公司为股东提供担保的，应当予以抵制，并向中国证监会及相关派出机构报告

C. 不得将其经营管理权让渡给股东或者其他机构和人员

D. 接受董事长的指示，对公司经营活动进行决策

【答案】D

【解析】本题考核的是管理层的合规责任。经理层人员不得接受任何股东及其实际控制人超越股东会、董事会的指示，不得偏向于任何一方股东，D 选项错误。

【典型习题】

1. 基金管理人在董事会和管理层会设立专门的(　　)。

A. 风险控制委员会　　　　B. 执行部门

C. 合规管理部门　　　　D. 内部控制部门

2. 合规管理部门应在(　　)的管理下协助高级管理层有效识别和管理所面临的合规风险。

A. 总经理　　B. 董事会

C. 督察长　　D. 监事会

3. 负责公司整体风险的预防和控制，审核、监督公司风险控制制度的有效执行的是(　　)。

A. 总经理　　B. 董事会

C. 督察长　　D. 监事会

4. 对公司的合规管理承担最终责任的是(　　)。

A. 督察长　　B. 合规与风险控制部门

C. 合规与风险管理委员会　　D. 董事会

5. 董事会根据(　　)提名决定合规负责人的聘任、解聘及薪酬事项。

A. 独立董事　　B. 总经理

C. 基金经理　　D. 督察长

【参考答案】

1. A　2. C　3. B　4. D　5. B

第三节　合规管理的主要内容

【教材解读】

考点1　合规管理的内容及合规文化建设(表12－8)

表12－8　合规管理的内容及合规文化建设

项　目	内　容
合规管理的内容	包括：风险控制、公司治理、投资管理、监察稽核等。具体为： (1) 定期传达监管要求，营造公司合规文化、提高员工合规意识； (2) 审核各业务部门对外签订的合同，控制风险，防范商业贿赂；审核业务部门修订的制度；审核公司对外披露的各类信息； (3) 检查评估基金发行及日常运作中各项活动的合规性，防范运作风险； (4) 梳理、整合各项法律法规、规章制度，开展合规培训； (5) 参与基金管理人的组织构架和业务流程再造，为新产品提供合规支持
合规文化建设	(1) 基金管理人管理层要对合规文化建设足够重视。 (2) 加强合规管理部门与业务部、监察稽核部等各部门间的信息交流和良好的互动性，实现资源共享。 (3) 有效落实合规考核机制。 (4) 积极推行全员合规理念，加强合规文化思想教育

考点 2　合规政策的制定及落实（表 12—9）

表 12—9　合规政策的制定及落实

项　　目	内　　容
概念	合规政策是基金管理人体现合规理念、培育合规文化、实现合规目标的纲领性、指导性的文件。 作用在于：对基金管理人开展合规工作提出原则性要求
制定	高级管理层负责制定书面合规政策，并根据合规风险管理状况及法律、规则和准则的变化情况，适时修订合规政策，报经董事会审议批准后传达给全体员工定期评价各项合规政策和执行状况；若发现重大合规问题，必须立即向董事会进行汇报
落实	经理层负责贯彻执行合规政策。 各业务部门应遵循公司的合规政策，研究制定本部门或业务单元业务决策和运作的各项制度流程并组织实施，定期对本部门的合规风险进行评估，对其合规管理的有效性负责。 合规与风险控制部为合规风险的日常管理部门，主要负责识别、评估和监控基金管理人面临的合规风险，并向高级管理层和董事会提出合规建议和报告

考点 3　合规审核及检查（表 12—10）

表 12—10　合规审核及检查

项　　目	内　　容
合规审核	作用：将公司可能受到的处罚降到最低。 审核程序：制定合规审核机制→合规审核调查→合规审核评价
合规检查	目标：检查制度、程序和流程的执行情况。 作用：检查基金管理人业务部门是否落实法律法规和公司制度

【真题回顾】

1. 基金管理人的合规管理一般涉及(　　)内容。

A. 风险控制　　　B. 公司治理

C. 投资管理　　　D. 以上选项都正确

【答案】 D

【解析】 本题考核的是合规管理的内容。包括：风险控制、公司治理、投资管理、监察稽核等。

2. 基金管理人的高级管理层负责制定书面的合规政策，应报经(　　)审议批准后传达给全体员工。

A. 合规管理部门　　B. 董事会

C. 合规与风险管理委员会　　D. 股东大会

【答案】B

【解析】本题考核的是合规政策的实施。基金管理人的高级管理层负责制定书面的合规政策，报经董事会审议批准后传达给全体员工。

3. 主要负责识别、评估和监控基金管理人面临的合规风险，并向高级管理层和董事会提出合规建议和报告的是(　　)。

A. 监事会　　B. 督察长

C. 合规与风险管理委员会　　D. 合规与风险控制部

【答案】D

【解析】本题考核的是合规与风险控制部的职责。合规与风险控制部的职责，主要是负责识别、评估和监控基金管理人面临的合规风险，并向高级管理层和董事会提出合规建议和报告。

4. 基金管理人的(　　)负责贯彻执行合规政策。

A. 督察长　　B. 经理层

C. 监事会　　D. 合规管理部门

【答案】B

【解析】本题考核的是合规政策的落实。负责贯彻执行合规政策的部门是公司经理层。

【典型习题】

1. 基金管理人的合规管理未涉及的内容是(　　)。

A. 风险控制　　B. 公司治理

C. 信息披露　　D. 投资管理

2. 基金管理人体现合规理念、培育合规文化、实现合规目标的纲领性、指导性的文件是(　　)。

A. 合规文化　　B. 公司章程

C. 合规责任　　D. 合规政策

3. 基金管理人的(　　)负责制定书面的合规政策。

A. 监事会　　B. 股东大会

C. 高级管理层　　D. 董事会

【参考答案】

1. C　　2. D　　3. C

第四节　合规风险

【教材解读】

考点　合规风险的种类及管理措施（表 12－11）

表 12－11　　合规风险的种类及管理措施

种类	管理措施	备　注
投资合规性风险	（1）建立有效的投资流程和投资授权制度。 （2）交易系统中设置风险参数。 （3）重点监控投资组合投资中是否存在内幕交易、利益输送和不公平对待不同投资者等行为。 （4）对交易异常行为进行定义，加强对异常交易的跟踪、监测和分析。 （5）每日跟踪评估投资比例、投资范围等合规性指标执行情况。 （6）关注估值政策和估值方法隐含的风险，定期评估第三方估值服务机构的估值质量	该风险涉及较多，包括： （1）基金管理人未按法规及基金合同规定建立和管理投资对象备选库； （2）基金管理人利用基金财产为基金份额持有人以外的第三人牟取利益； （3）利用因职务便利获取的内幕信息以外的其他未公开信息，从事或者明示、暗示他人相关交易活动； （4）运用基金财产从事操纵证券交易价格及其他不正当的证券交易活动等
销售合规性风险	（1）对宣传推介材料进行合规审核。 （2）对销售协议的签订进行合规审核，对销售机构签约前进行审慎调查。 （3）制定适当的销售政策和监督措施。 （4）加强销售行为的规范和监督	—
信息披露合规性风险	（1）建立信息披露风险责任制。 （2）信息披露前，应经合规性审查	—
反洗钱合规性风险	（1）建立风险导向的反洗钱防控体系。 （2）制定严格有效的开户流程，规范对客户的身份认证和授权资格的认定，对有关客户的身份证明材料予以保存。 （3）从严监控客户核心资料信息修改、非交易过户和异户资金划转。 （4）严格遵守资金清算制度。 （5）建立符合行业特征的客户风险识别和可疑交易分析机制	—

【真题回顾】

1. 下列不属于合规风险主要种类的是(　　)。

A. 监管合规性风险　　B. 信息披露合规性风险

C. 反洗钱合规性风险　　D. 投资合规性风险

【答案】A

【解析】本题考核的是合规风险的种类。包括：投资合规性风险、销售合规性风险、信息披露合规性风险和反洗钱合规性风险。

2. 基金管理人利用基金财产为基金份额持有人以外的第三人牟取利益，属于合规风险中的（　　）。

A. 反洗钱合规性风险　　B. 销售合规性风险

C. 信息披露合规性风险　　D. 投资合规性风险

【答案】D

【解析】本题考核的是投资合规性风险的内容。基金管理人利用基金财产为基金份额持有人以外的第三人牟取利益属于投资合规性风险的内容。

3. 制定严格有效的开户流程，规范对客户的身份认证和授权资格的认定，对有关客户的身份证明材料予以保存。上述内容属于合规风险中(　　)的主要管理措施。

A. 反洗钱合规性风险　　B. 销售合规性风险

C. 信息披露合规性风险　　D. 投资合规性风险

【答案】A

【解析】本题考核的是反洗钱合规性风险的管理措施。包括：①建立风险导向的反洗钱防控体系，合理配置资源；②制定严格有效的开户流程，规范对客户的身份认证和授权资格的认定，对有关客户的身份证明材料予以保存等。

【典型习题】

1. 基金管理人严格遵守资金清算制度，对现金支付进行控制和监控，属于(　　)的主要管理措施。

A. 销售合规性风险　　B. 反洗钱合规性风险

C. 信息披露合规性风险　　D. 投资合规性风险

2. 基金管理人用因职务便利获取的内幕信息以外的其他未公开信息，从事或者明示、暗示他人相关交易活动的，属于合规风险中的（　　）。

A. 投资合规性风险　　B. 销售合规性风险

C. 信息披露合规性风险　　D. 反洗钱合规性风险

3. 下列事项中，基金管理投资合规性风险涉及的是(　　)。

A. 相关业务人员为了提高销售业绩和争抢客户，出现违反相关法律法规和公司规章

B. 未按法规及基金合同规定建立和管理投资对象备选库

C. 基金管理人在信息披露过程中，违反相关法律法规和公司规章，对基金投资者

形成了误导或对基金行业造成了不良声誉

D. 基金管理人违反相关法律法规和公司内部规章，违反公平交易原则，利用不同身份账户进行非法资金转移

【参考答案】

1. B　　2. A　　3. B

第二部分　实战模拟试卷

实战模拟试卷一

（考试题型均为单项选择题，共100小题，每小题1分，共100分）

1. 金融市场按照交易工具的期限，可分为(　　)。

A. 票据市场、证券市场　　B. 衍生工具市场、外汇市场

C. 货币市场和资本市场　　D. 现货市场和期货市场

2. 资产管理从管理方式的角度来看，其特点在于(　　)。

A. 资产管理包括委托方和受托方

B. 通过投资于银行存款、证券、期货、基金、保险或实体企业股权等资产实现增值

C. 资产管理人根据投资者授权，进行资产投资管理，承担受托人义务

D. 资产管理主要为货币等金融资产和固定资产等实物资产

3. 交易在协议达成后并不立刻进行交割，是约定在某一特定时间后进行交割，协议成交和标的交割是分离的金融市场被称为(　　)。

A. 资本市场　　B. 现货市场

C. 货币市场　　D. 期货市场

4. 下列基金类型中，广泛投资于金融衍生产品的是(　　)。

A. 对冲基金　　B. 另类投资基金

C. 私募股权基金　　D. 证券投资基金

5. 公募证券投资基金的显著特点是(　　)。

A. 集合理财、专业管理　　B. 投入较少、回报较高

C. 严格监管、信息透明　　D. 独立托管、保障安全

6. 投资基金的特点在于实行(　　)原则。

A. 保障投资人利益　　B. “三公”

C. 高效监管　　D. 利益共享、风险共担

7. 基金托管人的职责不体现在(　　)。

A. 基金份额销售　　B. 会计复核

C. 基金资产保管　　D. 基金资金清算

8. 下列属于基金的市场营销工作的是(　　)。

A. 客户服务　　B. 会计核算

C. 基金资产的估值　　D. 信息披露

9. 开放式基金的买卖价格以(　　)为基础，不受市场供求关系的影响。

A. 基金规模　　B. 基金份额净值

C. 合同期限　　D. 业绩表现

10. 下列关于开放式基金的特点表述，错误的是(　　)。

A. 无特定存续期限

B. 买卖价格受二级市场供求关系的影响

C. 交易在投资者与基金管理人之间完成

D. 基金规模不固定

11. 全球基金业发展中，占据主导地位的国家是(　　)。

A. 英国　　B. 日本

C. 法国　　D. 美国

12. 我国第一只开放式基金是(　　)。

A. 基金金泰　　B. 基金开元

C. 华安创新　　D. 淄博基金

13. 行业快速发展阶段推出的基金产品是(　　)。

A. 基金金泰　　B. 淄博基金

C. 华安创新　　D. 以上选项均不正确

14. 证券投资基金业在金融体系中，对于中小投资者的作用是(　　)。

A. 拓宽投资渠道　　B. 保证投资收益

C. 优化金融结构　　D. 规避投资风险

15. 证券投资基金的分类中，既注重资本增值又注重当期收入的基金是(　　)。

A. 指数基金　　B. 收入型基金

C. 成长型基金　　D. 平衡型基金

16. 对于投资者来说，基金分类的意义在于(　　)。

A. 有助于实施更有效的分类监管　　B. 基金评级的基础

C. 使得基金业绩比较客观、公正　　D. 有助于投资者做出选择

17. 下列属于按股票性质分类的是(　　)。

A. 价值型股票　　B. 全球股票基金

C. 国内股票基金　　D. 大盘股票

18. 当债券基金与股票基金进行适当的组合投资时，其特点在于(　　)。

A. 有效抵御经济衰退　　B. 可获得较好回报

C. 较好地分散投资风险　　D. 容易计算和预测收益率

19. 下列选项中，货币市场基金不得投资的金融工具是(　　)。

A. 剩余期限超过397天的债券

B. 现金

C. 大额存单

D. 期限在1年以内（含1年）的债券回购

20. 下列关于货币市场工具特点的表述，错误的是(　　)。

A. 流动性好　　B. 收益率高

C. 安全性高　　D. 投资门槛极低

21. 下列关于交易型开放式指数基金（ETF）的特点，错误的是(　　)。

A. 被动操作的指数基金

B. 实行一级、二级市场并存的交易制度

C. 实物申购、赎回机制

D. 份额分级，资产合并运作

22. 下列分级基金中，属于按投资对象的不同进行分类的是(　　)。

A. 合并募集　　B. 主动投资型分级基金

C. 开放式分级基金　　D. 债券型分级基金

23. 下列关于ETF与LOF区别的表述，错误的是(　　)。

A. 申购、赎回的标的不同　　B. 基金投资策略不同

C. 申购、赎回的场所不同　　D. 反映的经济关系不同

24. QDII是经(　　)批准可以在境内募集资金进行境外证券投资的机构。

A. 中国证监会　　B. 中国证券业协会

C. 中国银监会　　D. 中国基金业协会

25. 下列选项中，属于社会力量的是(　　)。

A. 审计机构　　B. 基金销售支付机构

C. 基金评价机构　　D. 基金份额登记机构

26. 政府基金监管活动的特点在于(　　)。

A. 广泛性　　B. 连续性

C. 法定性　　D. 强制性

27. 中国证监会领导干部离职后(　　)年内，不得到与原工作业务直接相关的机构任职。

A. 1　　B. 2

C. 3　　D. 5

28. 依法担负国家对证券市场实施集中统一监管的职责的机构是(　　)。

A. 中国银监会　　B. 中国证券业协会

C. 中国证监会　　D. 中国基金业协会

29. 作为基金专业人士组成的议事机构，承接了原基金公会的职能和任务，在中国证券业协会的领导下开展工作的部门是(　　)。

A. 基金公司会员部

B. 中国基金业协会

C. 中国银监会

D. 中国证券业协会证券投资基金业委员会

30. 中国证券业协会于(　　)年设立了基金公司会员部，负责基金管理公司和基金托管银行特别会员的自律管理。

A. 2005　　B. 2006

C. 2007　　D. 2008

31. 对基金管理公司持有5%以上股权的非主要股东，非主要股东为法人或者其他组织的，净资产不低于(　　)万元。

A. 1000　　B. 2000

C. 3000　　D. 5000

32. 基金市场主体不包括(　　)。

A. 律师事务所　　B. 基金销售机构

C. 基金注册登记机构　　D. 基金业协会

33. 根据《证券投资基金管理公司管理办法》的规定，基金管理公司的主要股东是指持有基金管理公司股权比例最高且不低于(　　)的股东。

A. 10%　　B. 15%

C. 20%　　D. 25%

34. 对于连续3年没有开展基金托管业务的基金托管人，中国证监会、中国银监会可以(　　)。

A. 责令暂停办理新的基金托管业务

B. 责令职责终止

C. 责令更换负有责任的专门基金托管部门的高级管理人员

D. 取消托管资格措施

35. 下列关于基金宣传推介材料的内容，符合要求的是(　　)。

A. 提醒投资人注意投资风险

B. 登载单位或个人的推荐性文字

C. 预测基金的证券投资业绩

D. 承担损失

36. 公开发行标准是向不特定对象发行证券或者向特定对象发行证券累计超过(　　)人。

A. 50　　B. 200

C. 100　　D. 500

37. 道德与法律的联系在于(　　)。

A. 内容交叉　　B. 调整范围一致

C. 调整手段一样　　D. 表现形式相同

38. 下列行为中，不符合基金销售人员行为规范的是(　　)。

A. 准确地向投资者推介基金产品

B. 揭示投资风险

C. 保证最低收益

D. 对基金产品的陈述、介绍和宣传，应当与基金合同、招募说明书等相符

39. 下列基金中，不实行申请注册简易程序的是(　　)。

A. 分级基金　　B. 混合基金

C. 指数基金　　D. 债券基金

40. 债券型基金的认购费率通常在(　　)以下。

A. 1.5%　　B. 2%

C. 3%　　D. 1%

41. 若某投资者投资 10000 万元认购基金，假设该笔认购按照 100%比例全部予以确认，并持有到保本期到期，认购费率为 1.0%。假定募集期间产生的利息为 50 元，基金份额面值为 1 元，则认购份额为(　　)份。

A. 9900.99　　B. 9950.99

C. 9901　　D. 10000

42. 中国证监会在基金注册审查过程中，可以委托基金业协会进行初步审查并就基金信息披露文件(　　)提出意见。

A. 实质性　　B. 合理性

C. 合规性　　D. 有效性

43. 下列关于开放式基金的认购，表述正确的是(　　)。

A. 投资人在办理基金认购申请时，需按销售机构规定的方式缴纳部分款项

B. 投资者在募集期内可多次认购基金份额

C. 已正式受理的认购申请可以撤销

D. 认购申请被确认无效的，认购资金不会退回投资人资金账户

44. 申请封闭式基金份额上市交易，应当经由基金管理人向(　　)提出申请。

A. 中央银行　　B. 中国证监会

C. 财政部　　D. 证券交易所

45. 目前，在沪、深证券交易所上市的封闭式基金交易不收取(　　)。

A. 监管费　　B. 印花税

C. 经手费　　D. 过户费

46. 封闭式基金的交易时间为每周一至周五的(　　)。

A. 8：00～11：00　　B. 8：30～11：30

C. 9：00～11：30　　D. 9：30～11：30

47. 开放式基金的申购和赎回原则不包括(　　)。

A. 未知价交易　　B. 金额申购、份额赎回

C. 份额申购、份额赎回　　D. 确定价原则

48. 封闭式基金的单笔最大数量应当低于(　　)万份。

A. 100　　B. 120

C. 150　　D. 200

49. 开放式基金运作管理中，保障基金份额持有人合法权益的重要环节是(　　)。

A. 基金份额登记　　B. 基金申购

C. 基金验资　　D. 基金赎回

50. 注册登记机构在(　　)，根据 T 日各代销机构的申购和赎回申请数据及 T 日的基金份额净值统一进行确认处理。

A. T 日　　B. T+1 日

C. T+2 日　　D. T+3 日

51. 世界各国（地区）证券市场监管的普遍做法是(　　)。

A. 基金份额登记　　B. 基金信息披露

C. 基金托管　　D. 政府强制监管

52. 基金信息披露的禁止行为中，属于严重违法行为的是(　　)。

A. 重大遗漏　　B. 违规承诺收益

C. 违规承担损失　　D. 诋毁其他基金管理人

53. 开放申购赎回后，应于每个开放日的(　　)披露基金份额净值和份额累计净值。

A. 当日　　B. 第 3 日

C. 次日　　D. 第 4 日

54. 当发生对基金份额持有人权益或者基金价格产生重大影响的事件时，应在 2 日内编制并披露(　　)。

A. 财务报告　　B. 临时报告书

C. 基金清算报告　　D. 内部控制评价报告

55. 基金管理人职责终止时，应聘请(　　)对基金财产进行审计，并将审计结果予以公告。

A. 基金托管人　　B. 基金注册登记机构

C. 中央结算公司　　D. 会计师事务所

56. 下列属于基金合同特别约定的事项是(　　)。

A. 运作费用　　B. 基金运作方式

C. 基金份额持有人的权利　　D. 基金估值

57. 基金募集期间的信息披露文件不包括(　　)。

A. 基金合同　　B. 基金临时信息披露

C. 基金托管协议　　D. 基金招募说明书

58. 基金运作信息披露文件不包括(　　)。

A. 基金净值公告　　B. 基金定期公告

C. 基金上市交易公告书　　D. 基金招募说明书

59. 基金管理人应当在每个季度结束之日起(　　)个工作日内，编制完成基金季度报告。

A. 5　　B. 7

C. 10　　D. 15

60. 申请在证券交易所上市交易的基金，基金管理人均应编制并披露(　　)。

A. 基金托管协议　　B. 基金净值公告

C. 基金定期公告　　D. 基金上市交易公告书

61. 在半年度报告和年度报告的重大事件揭示中，基金管理人将披露报告期内偏离度的绝对值达到或超过(　　)的信息。

A. 0.1%　　B. 0.25%

C. 0.3%　　D. 0.5%

62. 下列关于 QDII 基金的信息披露的表述，错误的是(　　)。

A. QDII 基金将其全部或部分资金投资于境外证券

B. 披露相关信息时，必须采用中文

C. 可单独或同时以人民币、美元等主要外汇币种计算

D. 涉及币种之间转换的，应披露汇率数据来源

63. 下列关于基金份额持有人权利的表述，错误的是(　　)。

A. 分享基金财产收益

B. 召开基金投资者大会

C. 复制未公开披露的基金信息资料

D. 参与分配清算后的剩余基金财产

64. 下列关于基金投资者义务的表述，错误的是(　　)。

A. 缴纳基金认购款项及规定费用

B. 遵守基金托管协议的约定

C. 不从事任何有损基金及其他基金投资人合法权益的活动

D. 封闭式基金存续期间，不得要求赎回基金份额

65. 下列属于基金直销形式的是(　　)。

A. 证券公司　　B. 独立基金销售机构

C. 自行开发建立电子商务平台　　D. 证券投资咨询机构

66. 在销售基金时，(　　)应制定合理的业务规则并监督实施。

A. 证监会　　B. 基金管理人

C. 基金托管人　　D. 基金销售机构

67. 根据投资者的风险承受能力销售不同风险等级的产品，这体现了 4Ps 理论的(　　)。

A. 专业性　　B. 适用性

C. 服务性　　D. 规范性

68. 对客户来说，最有安全感和信赖感的基金销售方式是(　　)。

A. 基金公司直销　　B. 独立第三方销售公司

C. 证券公司代销　　D. 银行代销

69. 基金销售机构应建立员工培训制度，应符合(　　)的相关要求。

A. 基金行业自律机构　　B. 中国证监会

C. 证券业协会　　D. 中国银监会

70. 下列不属于基金销售人员禁止性规范的是(　　)。

A. 按照基金合同、招募说明书和发行公告等销售法律文件的规定代扣或收取相关费用

B. 以个人名义接受投资者的款项

C. 预测所推介基金的未来业绩

D. 更改投资者的交易指令

71. 宣传推介材料的范围不包括(　　)。

A. 未公开出版资料　　B. 宣传单

C. 户外广告　　D. 公共网站链接广告

72. 基金管理人的基金宣传推介材料，应当事先经基金管理人负责基金销售业务的高级管理人员和督察长检查，出具(　　)。

A. 审计报告　　B. 复核意见书

C. 法律意见书　　D. 合规意见书

73. 基金管理公司或基金代销机构负责基金营销业务的高级管理人员应当对基金宣传推介材料的(　　)进行复核并出具复核意见。

A. 真实性　　B. 合规性

C. 准确性　　D. 规范性

74. 下列关于基金宣传推介材料的禁止性规定的表述，错误的是(　　)。

A. 不得预测基金的投资业绩

B. 可以登载单位或者个人的推荐性文字

C. 不得使用“净值归一”等表述

D. 不得违规承诺收益或者承担损失

75. 对于未履行报送手续的基金管理公司，中国证监会不得采取的行政监管处罚措施是(　　)。

A. 出具监管警示函　　B. 提示改正

C. 罚款　　D. 暂停办理相关业务

76. 基金管理人应在(　　)中载明费率标准及费用计算方法。

A. 基金合同　　B. 基金托管协议

C. 基金临时信息披露　　D. 招募说明书

77. 基金管理人在招募说明书及基金份额发售公告中载明的内容不包括(　　)。

A. 基金销售费用收取的条件　　B. 基金销售费用水平

C. 销售费用的结算方式　　D. 基金销售费用收取标准

78. 下列基金销售行为中，正确的是(　　)。

A. 以排挤竞争对手为目的，压低基金的收费水平

B. 通过先收后返的方式降低收费标准

C. 采取送基金份额的方式销售基金

D. 按照基金合同和招募说明书的约定向投资人收取销售费用

79. 根据基金销售适用性原则的要求，不需要对(　　)作出评价。

A. 基金管理人　　B. 基金产品

C. 基金托管人　　D. 基金投资人

80. 下列审慎调查的结果，可作为基金管理人选择基金代销机构的重要依据是(　　)。

A. 信息管理平台建设　　B. 诚信状况

C. 经营管理能力　　D. 投资管理能力

81. 对基金销售活动进行现场检查时，有权对与基金销售适用性相关的制度建设等进行询问或检查，发现存在问题的，可以进行必要的指导的机构是（　　）。

A. 监控中心

B. 基金业协会

C. 中国证监会及其派出机构

D. 证券业协会

82. 基金销售业务信息管理中，为基金投资人以及基金销售人员提供投资资讯的功能的是（　　）。

A. 前台业务系统　　B. 中台业务系统

C. 后台管理系统　　D. 应用系统的支持系统

83. 基金销售机构或人员为解决客户有关问题而提供的系列活动，被称为（　　）。

A. 基金售后服务　　B. 基金销售服务

C. 基金客户服务　　D. 基金理财服务

84. 下列不属于在开始基金投资操作前为客户提供的服务是（　　）。

A. 开展投资者风险教育　　B. 普及基金相关法律知识

C. 介绍基金管理人投资运作情况　　D. 介绍基金产品

85. 客户服务的流程不包括（　　）。

A. 服务宣传与推介　　B. 渠道信息管理

C. 投资咨询与基金咨询　　D. 投资跟踪与评价

86. 基金销售机关内部的信息管理体系中，不能由同一人兼任的职位是（　　）。

A. 信息安全人员　　B. 信息技术开发人员

C. 信息技术负责人　　D. 运营维护人员

87. 基金持有人与基金管理人之间属于（　　）关系。

A. 信托　　B. 投资

C. 中介服务　　D. 控股

88. 识别和分析与现实目标相关的风险，从而为确定应该如何管理风险奠定基础的要素是（　　）。

A. 风险评估　　B. 事项识别

C. 风险应对　　D. 行为监控

89. 基金管理人所实施的内部控制政策要适应基金监管的法律法规要求，这体现了内部控制的（　　）原则。

A. 健全性　　B. 有效性

C. 独立性　　D. 相互制约

90. 基金管理人内部控制机制的层次不包括（　　）。

A. 公司管理层对人员和业务的监督控制

B. 监察稽核部门主管的检查监督

C. 行业自律

D. 董事会或者其领导下的专门委员会的检查、监督、控制和指导

91. 基金管理人在公司管理和基金运作中各部门应保持各自独立向(　　)的报告渠道。

A. 管理层　　B. 证监局

C. 证监会　　D. 基金业协会

92. 公司内部控制的核心是(　　)。

A. 控制环境　　B. 信息沟通

C. 风险控制　　D. 内部监控

93. 内部控制制度的主要内容不包括(　　)。

A. 业务操作手册　　B. 部门规章

C. 行业规范　　D. 内控大纲

94. 保障公司为客户提供服务的持续性的部门是（　　）。

A. 前台部门　　B. 中台部门

C. 后台部门　　D. 以上选项都正确

95. 研究业务控制中，需建立的制度包括(　　)。

A. 投资对象备选库制度　　B. 投资决策授权制度

C. 集中交易制度　　D. 投资风险评估与管理制度

96. 投资决策业务控制中健全投资决策授权制度的目的在于(　　)。

A. 明确界定投资权限　　B. 遵守投资限制

C. 防止越权决策　　D. 以上说法都正确

97. 合规管理中，直接关系到合规风险能否有效揭示的是(　　)。

A. 问责独立性　　B. 机制独立性

C. 部门独立性　　D. 以上说法都正确

98. 临时股东会由(　　)提议召开。

A. 监事会　　B. 股东会

C. 基金经理　　D. 董事会

99. 下列关于合规管理的主要内容，说法错误的是(　　)。

A. 审核业务部门修订的制度

B. 参与基金托管人的组织构架和业务流程再造

C. 协助外部律师共同处理公司法律纠纷

D. 定期传达监管要求，营造公司合规文化

100. 下列不属于合规风险的是(　　)。

A. 销售合性风险　　B. 反洗钱合规性风险

C. 投资合规性风险　　D. 市场波动风险

实战模拟试卷一参考答案

1. C	2. B	3. D	4. A	5. C
6. D	7. A	8. A	9. B	10. B
11. D	12. C	13. D	14. A	15. D
16. D	17. A	18. C	19. A	20. B
21. D	22. D	23. D	24. A	25. A
26. D	27. C	28. C	29. D	30. C
31. D	32. D	33. D	34. D	35. A
36. B	37. A	38. C	39. A	40. D
41. B	42. C	43. B	44. D	45. B
46. D	47. C	48. A	49. A	50. B
51. B	52. A	53. C	54. B	55. D
56. C	57. B	58. D	59. D	60. D
61. D	62. B	63. C	64. B	65. C
66. B	67. B	68. D	69. A	70. A
71. A	72. D	73. B	74. B	75. C
76. D	77. C	78. D	79. C	80. A
81. C	82. A	83. C	84. D	85. B
86. C	87. A	88. A	89. B	90. C
91. A	92. C	93. C	94. B	95. A
96. D	97. C	98. A	99. B	100. D

实战模拟试卷二

（考试题型均为单项选择题，共100小题，每小题1分，共100分）

1. 我国资产管理行业范围的界定依据不包括（　　）。

A. 资金来源　　B. 投资范围

C. 投资规模　　D. 管理方式

2. 在金融市场上充当资金的供给者、需求者和中间人等多重角色，既发行、创造金融工具，也在市场上购买各类金融工具的市场参与者是（　　）。

A. 企业　　B. 金融机构

C. 居民　　D. 政府

3. 居民以货币储蓄进行理财时，接受储蓄的银行或其他金融机构需首先保证（　　）。

A. 储蓄的本金安全　　B. 利息收益

C. 通货膨胀率　　D. 收益回报

4. 基金所投资的有价证券不包括（　　）。

A. 债券　　B. 金融衍生工具

C. 股票　　D. 证券化资产

5. 股票和债券的主要投向是（　　）。

A. 实业　　B. 上市公司的投资项目

C. 信贷　　D. 有价证券

6. 下列关于债券特点的表述，错误的是（　　）。

A. 低风险、低收益

B. 波动性比股票要小

C. 有效分散风险

D. 可给投资者带来较为确定的利息收入

7. 下列属于基金托管人的职责是（　　）。

A. 按照规定要求召开基金份额持有人大会

B. 对基金份额持有人大会审议事项行使表决权

C. 复制公开披露的基金信息资料

D. 会计复核

8. 依法维护会员的合法权益，向国务院证券监督管理机构反映会员的建议和要求是（　　）的职责。

A. 证券业协会　　B. 监事会

C. 基金业协会　　D. 股东大会

9. 封闭式基金与开放式基金的区别不包括（　　）。

A. 投资者的地位不同　　B. 期限不同

C. 份额限制不同　　D. 激励约束机制与投资策略不同

10. 契约型基金依据(　　)营运基金。

A. 投资公司章程　　B. 基金托管协议

C. 招募说明书　　D. 基金合同

11. 第一只公认的证券投资基金是来自(　　)的"海外及殖民地政府信托"。

A. 英国　　B. 日本

C. 法国　　D. 美国

12. 1998 年 4 月，华夏基金公司发起设立的基金是(　　)。

A. 安信基金　　B. 兴华基金

C. 基金开元　　D. 基金金泰

13. 天骥基金的募集规模为(　　)亿元。

A. 20　　B. 5.81

C. 10　　D. 1

14. 证券投资基金对于金融结构的作用是(　　)。

A. 组合投资　　B. 分散风险

C. 稳定发展　　D. 优化

15. 对于监管部门而言，基金分类的意义在于(　　)。

A. 有助于实施更有效的分类监管

B. 基金资产评估是基金评级的基础

C. 使得基金业绩比较更客观公正

D. 有助于投资者做出选择

16. 目前，我国公募证券投资基金全部是(　　)。

A. 公司型基金　　B. 平衡型基金

C. 契约型基金　　D. 被动型基金

17. 下列关于债券基金与债券的区别，表述错误的是(　　)。

A. 收益不如债券的利息固定　　B. 没有确定的到期日

C. 基金净值的计算方法不同　　D. 投资风险不同

18. 股票基金的分类依据不包括(　　)。

A. 运作方式　　B. 投资市场

C. 股票规模　　D. 股票性质

19. 下列关于价值型股票特点的表述，错误的是(　　)。

A. 收益稳定　　B. 市净率较低

C. 适合短线操作　　D. 安全性较高

20. 偏股型基金中债券的配置比例为(　　)。

A. 50%～70%　　B. 20%～40%

C. 30%～50%　　D. 10%～20%

21. CPPI 投资策略是在确保实现保本目标的同时，实现(　　)。

A. 投资组合的增值　　B. 长期投资
C. 风险最小化　　D. 收益最大化
22. QDII 基金可投资的金融产品或工具是(　　)。
A. 购买实物商品　　B. 从事证券承销业务
C. 商业票据　　D. 购买不动产
23. 二级市场的净值报价上，交易型开放式指数基金（ETF）每(　　)秒提供一个基金参考净值报价。
A. 15　　B. 30
C. 45　　D. 60
24. 下列行为中，属 QDII 基金的禁止性行为是(　　)。
A. 投资住房按揭支持证券
B. 投资房地产信托凭证
C. 投资回购协议
D. 购买贵重金属或代表贵重金属的凭证
25. “四位一体”的监管格局中，以(　　)为基础。
A. 政府监管　　B. 机构内控
C. 行业自律　　D. 社会监督
26. 下列关于基金监管目标的表述，错误的是(　　)。
A. 优化市场结构
B. 促进证券投资基金和资本市场的健康发展
C. 规范证券投资基金活动
D. 保护投资人及相关当事人的合法权益
27. 中国证券投资基金业协会会员不包括(　　)。
A. 普通会员　　B. 企业会员
C. 联席会员　　D. 特别会员
28. 基金行业自律组织是(　　)。
A. 中国银监会　　B. 中国证券业协会
C. 中国证监会　　D. 中国基金业协会
29. 中国证监会的一般工作人员离职后(　　)年内，不得到与原工作业务直接相关的机构任职。
A. 1　　B. 2
C. 3　　D. 5
30. 基金业协会的权力机构为(　　)。
A. 会员大会　　B. 理事会
C. 董事会　　D. 监事会
31. 下列行为中，属于基金管理人执业禁止行为的是(　　)。
A. 抽逃出资
B. 虚假出资

C. 利用基金财产或者职务之便为基金份额持有人以外的人牟取利益

D. 未依法经股东会或者董事会决议擅自干预基金经营活动

32. 设立管理公开募集基金的基金管理公司的，对于非主要股东为自然人的，个人金融资产不低于（　　）万元。

A. 300　　B. 500

C. 800　　D. 1000

33. 在基金公司中担任（　　）的，还应当具有法律、会计、监察、稽核等工作经历。

A. 独立董事　　B. 总经理

C. 基金经理　　D. 督察长

34. 商业银行担任基金托管人的，由（　　）核准。

A. 中国银监会　　B. 中国证券业协会

C. 中国证监会会同中国银监会　　D. 中国基金业协会

35. 基金招募说明书中关于“基金份额发售”应包括的内容是（　　）。

Ⅰ. 发售日期

Ⅱ. 发售方式

Ⅲ. 发售机构

Ⅳ. 发售期限

A. Ⅰ、Ⅱ　　B. Ⅰ、Ⅱ、Ⅲ、Ⅳ

C. Ⅰ、Ⅱ、Ⅳ　　D. Ⅰ、Ⅱ、Ⅲ

36. 基金合同中未约定（　　）的权利和义务。

A. 基金托管人　　B. 基金管理人

C. 基金销售机构　　D. 基金份额持有人

37. 职业道德的作用不包括（　　）。

A. 优化市场结构　　B. 提升职业素质

C. 调整职业关系　　D. 促进行业发展

38. 某基金销售人员在宣传销售该公司基金产品时，预测所推介基金的未来业绩，则该销售人员违反了（　　）的要求。

A. 诚实守信　　B. 专业审慎

C. 客户至上　　D. 忠诚尽责

39. 下列关于 QDII 基金的特点，表述错误的是（　　）。

A. 发售 QDII 基金的基金管理人必须具备合格境内机构投资者资格和经营外汇业务资格

B. 根据产品特点确定 QDII 基金份额面值的大小

C. QDII 基金份额除必须用人民币认购

D. QDII 基金主要投资于境外市场

40. 我国基金管理人进行基金募集，须向（　　）提交基金募集申请报告、基金合同草案等文件。

A. 中国证监会

B. 工商注册所在地中国证监会派出机构

C. 基金业协会

D. 证券业协会

41. 某投资者投资 6 万元认购某开放式基金，认购资金在募集期间产生的利息为 5 元，认购费率为 1.8%，基金份额面值为 1 元，则其认购份额为(　　)份。

A. 12220.16　　B. 5894.41

C. 58944.1　　D. 60000

42. 下列关于基金募集的表述，错误的是(　　)。

A. 中国证监会应当自受理基金募集申请之日起 6 月内做出注册或者不予注册的决定

B. 申请材料受理后，可对相关内容进行补充、更改

C. 对于复杂或创新产品，中国证监会将根据基金的特征与风险，要求基金管理人补充提交证券交易所和证券登记结算机构的授权函等文件

D. 基金募集申请经中国证监会注册后方可发售基金份额

43. 基金管理人应当自收到核准文件之日起(　　)个月内进行基金份额的发售。

A. 1　　B. 3

C. 4　　D. 6

44. 下列关于交易账户开立的表述，错误的是(　　)。

A. 可不开立沪证券账户

B. 基金账户只能用于基金、国债及其他债券的认购及交易

C. 已开设证券账户的不能再重复开设基金账户

D. 每位投资者只能开设和使用一个资金账户

45. 下列基金中，对赎回费的收取标准和计入基金财产的比例作出强制要求的是(　　)。

A. 开放式基金　　B. 分级基金

C. 混合基金　　D. 指数基金

46. 某投资者在基金募集期内认购了 100 万份 ETF，基金份额折算日的基金资产净值为 220 亿元，折算日的基金份额总额为 200 亿份，当日标的指数收盘值为 966.45 元，则该投资者折算后的份额为(　　)万份。

A. 96.7　　B. 97.8

C. 113.8　　D. 120

47. 下列关于封闭式基金交易规则的表述，正确的是（　　）。

A. 封闭式基金发行结束后，按基金净值买卖

B. 申报价格最小变动单位为 1 元

C. 基金份额的申报数量应为 100 份或整数倍

D. 基金单笔最大数量应当低于 150 万份

48. 下列关于 LOF 的上市交易，表述错误的是(　　)。

A. 赎回资金至少在 T+3 日到账

B. 申报数量应当为 100 份或其整数倍

C. T 日卖出基金份额后的资金 T+1 日即可到账

D. 申报价格最小变动单位为 0.001 元

49. 开放式基金的登记业务可以由基金管理人办理，也可委托(　　)认定的其他机构办理。

A. 基金业协会

B. 工商注册所在地中国证监会派出机构

C. 中国证监会

D. 证券业协会

50. 基金运作管理中，负责基金份额登记、确认基金交易的机构是(　　)。

A. 基金托管人　　B. 基金注册登记机构

C. 中央结算公司　　D. 基金销售机构

51. 信息披露的表述应当简明扼要、通俗易懂，避免使用冗长、技术性用语，这体现了基金信息披露的(　　)原则。

A. 准确性　　B. 易得性

C. 易解性　　D. 规范性

52. 我国的基金信息披露制度体系不包括(　　)。

A. 部门规章　　B. 规范性文件

C. 自律规则　　D. 公司内部章程

53. 当基金托管人及其托管部门的负责人受到严重行政处罚的，托管人应当在事件发生之日起(　　)日内编制并披露临时公告书。

A. 1　　B. 2

C. 3　　D. 4

54. 下列关于基金管理人的信息披露义务的表述，错误的是(　　)。

A. 基金合同生效的次日，在指定报刊和管理人网站上登载基金合同生效公告

B. 当期基金合同生效不足 2 个月的基金，可不编制定期报告

C. 开放式基金在开始办理申购或者赎回前，至少每周公告一次资产净值和份额净值

D. 发生对基金份额持有人权益或者基金价格产生重大影响的事件时，应在 3 日内编制并披露临时报告书

55. 当代表基金份额(　　)以上的基金份额持有人就同一事项要求召开持有人大会，而管理人和托管人均不召集的，该持有人有权自行召集。

A. 5%　　B. 8%

C. 9%　　D. 10%

56. 基金合同的主要内容不包括(　　)。

A. 封闭式基金的最低基金份额总额

B. 基金财产清算方式

C. 基金募集未达到法定要求的处理方式

D. 争议解决方式

57. 招募说明书的重要信息不包括(　　)。

A. 基金运作方式

B. 招募说明书摘要

C. 投资策略

D. 基金管理人和基金托管人的权利义务及职责

58. 普通基金净值公告的主要内容不包括(　　)。

A. 基金资产净值　　B. 净值表现

C. 份额净值　　D. 份额累计净值

59. 与基金年度报告相比，半年度报告的披露的特点在于(　　)。

A. 重大事件揭示中无须报告期内改聘会计师事务所的情况

B. 半年度报告不要求进行审计

C. 半年度报告无需披露当期的主要会计数据和财务指标

D. 半年度报告需要披露过去5年的净值增长率

60. 基金管理人应当在上半年结束之日起(　　)日内，编制完成基金半年度报告。

A. 15　　B. 30

C. 45　　D. 60

61. 基金年度报告中的投资组合报告中无需披露的信息是(　　)。

A. 期末基金资产组合

B. 利润分配情况

C. 报告期内股票投资组合的重大变动

D. 期末按券种分类的债券投资组合

62. QDII基金合同中投资境外市场可能产生的风险信息是(　　)。

A. 有效管理策略　　B. 托管资产规模

C. 信用风险　　D. 境外托管人的相关信息

63. 基金投资者大会由(　　)召开。

A. 基金销售机构　　B. 基金管理人

C. 基金托管人　　D. 基金份额持有人

64. 销售机构在进行市场细分的原则不包括(　　)。

A. 易入原则　　B. 可测原则

C. 适用原则　　D. 成长原则

65. 基金募集申请获得(　　)核准前，基金管理人、基金销售机构不得办理基金的销售业务。

A. 财政部　　B. 中国证监会

C. 中央银行　　D. 证监局

66. 下列不属于基金销售结算资金的是(　　)。

A. 基金投资收益　　B. 基金申购资金

C. 基金赎回资金　　D. 基金现金分红

67. 基金是投资于股票、债券、货币市场工具等多种金融产品的组合，因此基金销售对营销人员的(　　)有更高的要求。

A. 专业水平　　B. 业务能力

C. 文化水平　　D. 道德涵养

68. 在销售价格策略中，设定费率结构的依据不包括(　　)。

A. 客户需求　　B. 基金投资品种

C. 持有期限　　D. 申购资金量

69. 基金销售机构建立管理档案的，记录的内容不包括(　　)。

A. 销售人员行为　　B. 销售人员奖惩

C. 销售人员培训情况　　D. 销售人员诚信

70. 基金销售从业人员需经(　　)聘用，方可从事基金销售活动。

A. 基金份额份额持有人　　B. 行业自律组织

C. 基金托管人　　D. 基金销售机构

71. 可以使公众普遍获得的、带有广告性质的基金销售信息的是(　　)。

A. 电影　　B. 海报

C. 传真　　D. 手册

72. 下列关于定期定额投资特点的表述，正确的是(　　)。

A. 引导投资人进行长期投资、平均投资成本

B. 能规避基金投资所固有的风险

C. 保证投资人获得收益

D. 替代储蓄的等效理财方式

73. 关于货币市场基金的宣传推介，正确的是(　　)。

A. 货币市场基金不保证基金一定盈利

B. 货币市场基金保证最低收益

C. 股东直接参与基金财产的投资运作

D. 购买货币市场基金等于将资金作为存款存放在银行

74. 下列关于证券投资基金的特点，错误的是(　　)。

A. 按其持有份额分享基金投资所产生的收益

B. 分散投资

C. 不承担基金投资所带来的损失

D. 属长期投资工具

75. 基金宣传推介材料在缺乏足够证据支持的情况下，不得使用的表述是(　　)。

A. 安全　　B. 有保障

C. 高收益　　D. 业绩稳健

76. 基金管理人办理基金份额的申购，可以收取(　　)。

A. 申购费　　B. 基金转换费

C. 赎回费　　D. 销售服务费

77. 下列关于赎回费的收取，说法错误的是(　　)。

A. 对持续持有期少于 30 日的投资人收取不低于 0.75%的赎回费，并将上述赎回费全额计入基金财产

B. 对持续持有期长于 6 个月的投资人，应当将不低于赎回费总额的 25%计入基金财产

C. 对持续持有期长于 3 个月但少于 6 个月的投资人收取不低于 0.5%的赎回费，并将不低于赎回费总额的 50%计入基金财产

D. 对持续持有期少于 15 日的投资人收取不低于 1.5%的赎回费

78. 基金管理人应当在每季度的(　　)中列明基金销售费用的具体支付项目和使用情况以及从管理费中支付的客户维护费总额。

A. 监察稽核报告　　B. 审计报告

C. 临时报告书　　D. 财务报告

79. (　　)是指基金销售部门在销售基金和相关产品的过程中，注重根据基金投资人的风险承受能力销售不同风险等级的产品，把合适的产品卖给合适的基金投资人。

A. 基金销售适用性　　B. 基金销售收益性

C. 基金销售风险性　　D. 基金销售规范性

80. 基金产品风险的等级不包括(　　)。

A. 极低风险等级　　B. 低风险等级

C. 中风险等级　　D. 高风险等级

81. 基金产品风险评价的依据不包括(　　)。

A. 基金招募说明书所明示的投资方向

B. 基金的历史规模

C. 基金净值的历史波动程度

D. 基金的预期收益

82. 下列不属于客户交易记录信息的是(　　)。

A. 业务凭证　　B. 账簿

C. 账户开立时间　　D. 数据信息

83. 基金销售机构在提供服务时必须要遵守法律法规和业务规则，这体现基金客户服务的(　　)。

A. 客户至上原则　　B. 专业规范原则

C. 安全第一原则　　D. 依法监管原则

84. 下列属于客户在完成基金投资操作后为投资者提供的服务是(　　)。

A. 介绍基金管理人投资运作情况　　B. 定期提供产品净值信息

C. 普及基金相关法律知识　　D. 开展投资者风险教育

85. 基金客户服务中要遵循销售适用性原则，关注投资人的风险承受能力和基金产品风险收益特征的(　　)。

A. 适应性　　B. 对等性

C. 匹配性　　D. 规范性

86. 对投资额较大的个人投资者与机构投资者提供的个性化服务是(　　)。

A. 推介会和座谈会　　B. 互联网

C. “一对一”专人服务　　D. 电话服务中心

87. 基金管理人风险应对所采取的措施不包括(　　)。

A. 回避　　B. 转移

C. 接受　　D. 共担

88. 下列属于外部风险的是(　　)。

A. 法律法规　　B. 执行不力

C. 决策失误　　D. 操作风险

89. 基金管理人内部部门和岗位的设置应当权责分明、相互制衡，其目的在于(　　)。

A. 相互制约　　B. 独立性

C. 健全性　　D. 客观性

90. 独立于其他部门，对内部控制制度的执行情况实行严格检查和反馈的是(　　)。

A. 公司督察长　　B. 总经理

C. 独立董事　　D. 理事长

91. 在内部控制机制中的控制活动方面，基金公司应当建立完善的(　　)。

A. 重要业务部门和岗位的物理隔离　　B. 资产分离制度

C. 岗位分离制度　　D. 以上选项均正确

92. 公司内部控制大纲的内容不包括(　　)。

A. 风险控制　　B. 内控目标

C. 控制环境　　D. 内控原则

93. 基金管理人确定相关业务基础上，对业务的性质、种类以及相关的管理规定和操作流程及要求进行明确的说明的是(　　)。

A. 业务操作手册　　B. 基本管理制度

C. 内控大纲　　D. 内控大纲

94. 下列属于前台部门的是(　　)。

A. 研究部门　　B. 市场营销部门

C. 财务部门　　D. 人事部门

95. 基金内部控制信息技术系统投入运行前，应当经过(　　)部门的联合验收。

A. 业务　　B. 监察稽核

C. 运营　　D. 以上说法都正确

96. 督察长根据公司监察稽核工作的需要和(　　)授权，可以列席公司相关会议，调阅公司相关档案。

A. 总经理　　B. 理事会

C. 董事会　　D. 股东大会

97. 合规人员应正确处理与公司其他部门及监管部门的关系，努力形成公司的合规合力，避免内部消耗，这体现的是(　　)原则。

A. 公平性　　B. 健全性

C. 公正性　　D. 协调性

98. 下列关于监事会依法行使职权的表述，错误的是(　　)。

A. 检查公司的财务

B. 列席董事会会议

C. 组织召开临时股东会

D. 当董事自己或他人与本公司有交涉时，由监事会代表公司与董事进行交涉

99. 下列关于基金管理人加强合规文化建设的表述，正确的是(　　)。

A. 加强合规管理部门与业务部、监察稽核部等各部门之间的信息交流和良好的互动性

B. 提高经营管理效益，确保经营业务的稳健运行和受托资产的安全完整

C. 保证公司经营运作严格遵守国家有关法律法规和行业监管规则

D. 确保基金和基金管理人的财务和其他信息真实、准确、完整、及时

100. 下列关于投资合规性风险管理主要措施，错误的是(　　)。

A. 每日跟踪评估投资比例、投资范围等合规性指标执行情况

B. 加强对异常交易的跟踪、监测和分析

C. 对销售协议的签订进行合规审核，对销售机构签约前进行审慎调查，严格选择合作的基金销售机构

D. 重点监控投资组合投资中是否存在内幕交易

实战模拟试卷二参考答案

1. C	2. B	3. A	4. D	5. A
6. C	7. D	8. C	9. A	10. D
11. A	12. B	13. B	14. D	15. A
16. C	17. C	18. A	19. C	20. B
21. A	22. C	23. A	24. D	25. B
26. A	27. B	28. D	29. B	30. A
31. C	32. D	33. D	34. C	35. B
36. C	37. A	38. A	39. C	40. A
41. C	42. B	43. D	44. A	45. A
46. C	47. C	48. A	49. C	50. B
51. C	52. D	53. B	54. D	55. D
56. A	57. D	58. B	59. B	60. D
61. B	62. C	63. D	64. C	65. B
66. A	67. A	68. A	69. C	70. D
71. C	72. A	73. A	74. C	75. D
76. A	77. D	78. A	79. A	80. A
81. D	82. C	83. B	84. B	85. C
86. C	87. B	88. A	89. A	90. A
91. D	92. A	93. A	94. A	95. D
96. C	97. D	98. C	99. A	100. C